O LUGAR DA ESPERA NA VIDA CRISTÃ

Vanessa Belmonte

O LUGAR DA ESPERA NA VIDA CRISTÃ

THOMAS NELSON
BRASIL®

Copyright © 2021 por Vanessa Belmonte
Todos os direitos reservados por Vida Melhor Editora LTDA.

As citações bíblicas são da *Nova Versão Internacional* (NVI), da Bíblica, Inc.,
a menos que seja especificada outra versão da Bíblia Sagrada.

Os pontos de vista desta obra são de responsabilidade de seus autores e
colaboradores diretos, não refletindo necessariamente a posição da Thomas Nelson
Brasil, da HarperCollins Christian Publishing ou de sua equipe editorial.

Publisher	*Samuel Coto*
Editora	*Brunna Castanheira Prado*
Estagiárias	*Beatriz Lopes e Lais Chagas*
Preparação	*Eliana Moura Mattos*
Revisão	*Deborah Vieira*
Diagramação	*Sonia Peticov*
Capa	*Luna Design*

Dados Internacionais de Catalogação na Publicação (CIP)
(BENITEZ CATALOGAÇÃO ASS. EDITORIAL, MS, BRASIL)

B389L
    Belmonte, Vanessa
       O lugar da espera na vida cristã / Vanessa Belmonte. — 1.ed. — Rio de Janeiro:
Thomas Nelson Brasil, 2021.
       112 p.; 13,5 x 20,8 cm.

       ISBN 978-65-56892-39-9

       1. Crescimento espiritual. 2. Esperança. 3. Tempo — Aspectos religiosos. 4.
Vida cristã. I. Título.

06-2021/54   CDD: 248.4

Índice para catálogo sistemático:
1. Vida cristã: Cristianismo 248.4

Bibliotecária responsável: Aline Graziele Benitez CRB-1/3129

Thomas Nelson Brasil é uma marca licenciada à Vida Melhor Editora LTDA.
Todos os direitos reservados à Vida Melhor Editora LTDA.
Rua da Quitanda, 86, sala 218 — Centro
Rio de Janeiro — RJ — CEP 20091-005
Tel.: (21) 3175-1030
www.thomasnelson.com.br

Sumário

Apresentação	7
Prefácio	9
Introdução	13
PARTE 1 • A DOR: olhando para dentro	17
A espera por uma promessa	20
Um fim em aberto	28
PARTE 2 • O TEMPO: olhando ao redor	35
Os desejos	43
Tudo é dádiva	48
O lamento	53
Desejando pouco	57
Viver é graça	60
PARTE 3 • A PROMESSA: olhando o sentido	67
Esperamos juntos	73
Conclusão	77
Uma oração	85
APÊNDICE	87
Um novo Guia de jornada	89
Roteiro de estudo	98
Referências bibliográficas	107

Apresentação

por GUILHERME DE CARVALHO

A DESPEITO DE SUA NOBREZA, a virtude da paciência não é muito popular. Não é que ninguém queira *ser* paciente; é que ninguém deseja *ter que ser* paciente! Quando não pode ser evitada, a paciência costuma ser recebida de má vontade, como uma visita indesejada que ocupa o sofá da sala e que não gostaríamos de ver ali no dia seguinte.

Não obstante, é uma das damas de companhia, ao lado da perseverança, da paz, da fidelidade e da gloriosa esperança. A esperança, que nos habilita a caminhar sem nos desviar da vontade de Deus! Mas é preciso saber esperar; e esperar exige paciência. A paciência é como um João Batista da esperança.

Cobrindo uma importante lacuna da literatura sobre espiritualidade cristã, Vanessa Belmonte nos brinda com uma excelente exposição da virtude da paciência. O que Deus faz em nós enquanto esperamos? O que o *tempo* significa para o cristão, e como Deus o emprega para trabalhar em nossas almas? Como enfrentar o doloroso tempo da espera?

O *tempo* é um dos temas-chave desta obra. Vanessa mostra a relação dinâmica entre a espiritualidade e a aceitação paciente do tempo divino, como uma espécie de sincronização entre a alma e a realidade. A reconciliação com o tempo é necessária para a vida espiritual. É necessária para a purificação e redenção de nossos desejos, planos e expectativas. O tempo divino, acompanhado de uma paciência que aprende a respeitá-lo, cria o espaço de existência dentro do qual Deus trabalha em nós. Nesse espaço aprendemos a desejar corretamente; e encontramos, mais do que as coisas que imaginávamos esperar, o próprio Deus.

Por isso a presença da paciência sinaliza um coração grato e obediente a Deus e vinculado corretamente ao lugar no qual ele vem nos encontrar todos os dias: o momento presente.

A conexão entre tempo e espiritualidade tem uma aplicação urgente e imediata à vida moderna, dado que as experiências do consumo globalizado e da aceleração dos processos de comunicação e informação "encurtaram" o sentido do tempo e do espaço, tornando os indivíduos menos afeitos à espera e ao compartilhamento de ritmos de vida comunitários. "Tudo ao mesmo tempo, agora!" torna a vida espiritual mais difícil.

Nessas condições, apreender a vida espiritual como uma vida com o Eterno, no tempo, que incorpora e transforma o tempo, é absolutamente fundamental. E dar atenção ao desenvolvimento das virtudes no tempo nos ajuda a fazer isso de forma prática. Explicando como a caminhada cristã é intrinsecamente temporal e tem um ritmo próprio, divinamente estabelecido, a obra aplica o remédio diretamente sobre essa ferida na alma do homem contemporâneo.

Que o leitor seja abençoado e ajudado por este pequeno grande livro, para entender o lugar da espera na vida cristã.

Prefácio

por RICARDO BARBOSA DE SOUSA

A JORNADA DA FÉ é o longo caminho no qual aprendemos a confiar menos em nós e mais em Deus. Nesse caminho aprendemos que a fé em Cristo envolve, dentre outras coisas, a perseverança, além da necessidade de permanecermos fundamentados em sua palavra, sustentados por suas promessas, mantendo os olhos sempre voltados para Jesus, o princípio e o fim da fé.

Começamos a jornada da fé confiando mais em nós e menos em Deus. O sábio no livro dos Provérbios diz: "Confie no Senhor de todo o seu coração e não se apoie em seu próprio entendimento" (Provérbios 3:5). Começamos apoiados em nossos próprios pensamentos e em nossa compreensão limitada e estreita de Deus. Iniciamos a jornada da fé — e muitos, infelizmente, permanecem assim até o fim — apoiados em nosso próprio entendimento não só sobre o próprio Deus, mas sobre tudo o que nos cerca. O longo caminho que percorremos da autoconfiança para a confiança em Deus nunca foi simples nem fácil.

Um dos perigos que enfrentamos nesse longo caminho é que somos uma geração que tem pressa. Não fomos treinados na virtude da paciência, nem na disciplina da espera. A tecnologia encurtou as distâncias e eliminou o tempo de espera. A eficiência da tecnologia está na rapidez com que as informações e os serviços são oferecidos. Vivemos sob a tirania da pressa.

O problema que os discípulos de Cristo enfrentam é que a pressa não forja uma fé madura, mas cristãos ansiosos, manipuladores e inseguros. O processo que nos leva a confiar menos em nós e mais em Deus é lento, e nele aprendemos que Deus não está preso à pressa neurótica da nossa cultura. A espera sempre foi um princípio para a experiência de oração do povo de Deus. Os salmos nos ajudam a perceber o quanto o povo de Deus precisou da virtude da paciência enquanto aguardava as respostas de suas orações e o cumprimento das promessas de Deus. "Espere no Senhor. Seja forte! Coragem! Espere no Senhor!" (Salmo 27:14). "De manhã ouves, Senhor, o meu clamor; de manhã te apresento a minha oração e aguardo com esperança" (Salmo 5:3). "Descanse no Senhor e aguarde por ele com paciência; não se aborreça com o sucesso dos outros nem com aqueles que maquinam o mal" (Salmo 37:7). "Por que você está assim tão triste, ó minha alma? Por que está assim tão perturbada dentro de mim? Ponha a sua esperança em Deus! Pois ainda o louvarei; ele é o meu salvador" (Salmo 42:5). "Depositei toda a minha esperança no Senhor; ele se inclinou para mim e ouviu o meu grito de socorro" (Salmo 40:1).

São apenas alguns exemplos de como o saltério reconhece a espera como um princípio espiritual. Oramos e esperamos. Nós nos vemos abatidos, perturbados ou deprimidos, esperamos nossa salvação em Deus. Clamamos por socorro e esperamos silenciosamente a manifestação da misericórdia de Deus. Entre a minha oração e o socorro de Deus existe um tempo necessário ao fortalecimento da musculatura da fé.

Abraão e Sara esperaram vinte e cinco anos entre a promessa que Deus lhes fez de que seriam pais de uma numerosa descendência e o efetivo cumprimento dela. Davi esperou um pouco mais de doze anos entre a sua escolha e unção como rei e o início do seu reinado. O povo de Deus esperou setenta anos para ser liberto do cativeiro babilônico. Durante a espera, a confiança era formada na mente e no coração daquele povo. Uns se desesperavam, retrocediam e começavam a confiar noutros deuses. Outros, porém, perseveravam em confiar no Senhor, seu Deus. Resistiam às pressões dos atalhos e da fé fundamentada em falsas promessas, permanecendo no aguardo do cumprimento da Palavra de Deus.

Paulo, escrevendo sua carta aos discípulos de Jesus que viviam na capital do Império Romano, diz que "Abraão, contra toda esperança, em esperança creu..." (Romanos 4:18). Noutras palavras, Abraão esperou pelo cumprimento da promessa de Deus sem que houvesse uma única evidência de que ele um dia viria a ser pai, com sua esposa Sara. Pedro, na sua segunda carta, consola os discípulos de Jesus que haviam sido dispersos pela perseguição, dizendo que "todavia, de acordo com a sua promessa, esperamos novos céus e nova terra, onde habita a justiça" (2Pedro 3:13).

Esperar é uma disciplina espiritual e uma necessidade humana. Como disse o rabino Nilton Bonder: "Entramos no milênio num mundo que é um grande shopping. A internet e a televisão não dormem. Não há mais insônia solitária; solitário é quem dorme. As bolsas do Ocidente e do Oriente se revezam fazendo do ganhar e perder, das informações e dos rumores, atividade incessante. A CNN inventou um tempo linear, que só pode parar no fim. Mas as paradas estão por toda a caminhada e por todo o processo. Sem acostamento, a vida parece fluir mais rápida e eficiente, mas ao custo fóbico de uma paisagem que passa...". Como ele mesmo diz: "a vida precisa de pausas".

Neste livro, Vanessa nos leva a refletir sobre o significado da espera na experiência cristã. Ela nos auxilia a perceber que a espera é uma arte que nos ajuda a penetrar nos mistérios dos caminhos melhores e maiores de Deus. Não se trata apenas de tempo cronológico, mas de kairós, esse tempo divino que é medido não por horas, minutos, dias, semanas ou meses, mas pelo tempo da revelação de Deus. O tempo em que compreendemos que fazemos parte de uma grande narrativa divina, uma história que transcende a nossa história.

A oração de Vanessa no final do livro nos ajuda a entender seu objetivo: "Ensina-nos a desejar, a sonhar ousadamente, e a confiar que no seu tempo a semente irá germinar e crescer. Dá-nos a paciência e a perseverança de esperar pelo tempo certo e, enquanto isso, de trabalharmos ativamente no que for preciso de acordo com a sua vontade". Não se trata de uma espera passiva, mas ativa; nem de uma espera ansiosa, mas perseverante e confiante. Almejo que estas meditações ajudem os leitores a perseverar em Deus, sustentados por sua Palavra, vivendo dia a dia em confiança na sua providência e aguardando pela manifestação do seu Reino.

Introdução

QUANDO COMECEI A ESCREVER sobre a espera, o objetivo era organizar as ideias em minha mente e no meu coração. Fazia pouco tempo que eu tinha começado um *blog* e ainda estava criando coragem para obedecer ao chamado de Deus para compartilhar meus textos. Não tinha em mente um livro, nem imaginava que tantas pessoas se interessariam por esse assunto.

O interesse pelo tema surgiu de algumas situações que eu estava enfrentando e de reflexões relacionadas a vários livros lidos no mesmo período, e que serão citados ao longo deste texto. Eu já havia experimentado a espera em muitas outras situações, mas, no contexto das experiências e reflexões que originaram esta obra, percebi que o Senhor estava me ensinando muitas coisas novas e me mostrando outra perspectiva sobre a espera.

Assim, em dezembro de 2016, publiquei o texto original no *blog*, com o título "O tempo doloroso da espera — Parte 1". Conforme fui escrevendo, a sensação que tive foi de que havia ainda muito mais para ser dito. Então, uma semana depois publiquei uma continuação, a Parte 2. Como se não bastasse, continuei escrevendo; o que seria a Parte 3 ficou tão grande, que considerei inadequada para o formato de um *blog*. Surgiu, assim, a ideia de um livro. E aqui está.

Ele é o resultado de muita reflexão, meditação na Palavra de Deus, várias leituras, oração e conversas com vários amigos.

Agradeço a eles todo o apoio que me deram, desde o início, me encorajando a escrever, lendo e dando contribuições preciosas sobre o texto, compartilhando experiências e, até o final, revisando este projeto. Ele é dedicado a cada um de vocês.

Este livro foi estruturado em seções curtas, a fim de facilitar a leitura; ao final de cada uma, há o tópico *Enquanto espero...*, criado para ajudar na reflexão e aplicação dos temas tratados à sua realidade. Assim, se você quiser, pode acompanhar a leitura deste livro com um caderno de oração. Enquanto lê, coloque sua vida diante de Deus e busque, conversando com ele, tudo o que você precisa. Enquanto espera.

Para esta nova edição, acrescentei um Apêndice, amarrando alguns pontos e reforçando a ideia de que estamos em uma jornada e precisamos aprender a confiar em Jesus como nosso guia, especialmente quando ele nos conduz por situações de espera. Ao final, há um Roteiro de Estudos baseado nas três partes principais do livro, pensado para você utilizar com um amigo ou amiga, com seu marido ou esposa, ou em um grupo com mais pessoas. Que a conversa e a reflexão em conjunto possam trazer mais luz e entendimento para sua espera, fortalecendo e encorajando uns aos outros em seu relacionamento com Deus.

A espera é uma situação conhecida de todos nós. Minha oração é que, através da leitura deste livro, o Senhor fortaleça a sua fé e desenvolva a virtude da paciência junto à esperança e confiança nele, fazendo com que seus dias sejam mais ricos e, a espera, menos dolorosa.

Em Cristo,

Vanessa Belmonte
Belo Horizonte, junho de 2021.

PARTE 1

A DOR

OLHANDO PARA DENTRO

SE VOCÊ FOR SINCERO e se lembrar da última vez em que esperou muito por algo, vai concordar que esperar dói. A espera causa um tipo de dor que evitamos a todo custo.

Conforme diz Dietrich Bonhoeffer, "esperar é uma arte que nossa era impaciente esqueceu. Queremos arrancar o fruto antes que ele tenha tido tempo de amadurecer. Os olhos gananciosos são logo decepcionados quando o que viram como fruto delicioso se torna ácido ao gosto. Na decepção e no desgosto, eles o jogam fora. O fruto, cheio de promessa, apodrece no chão. É rejeitado, sem agradecimentos, por mãos decepcionadas".[1]

Não gostamos de esperar e, em ansiedade, agimos de maneira precipitada. Porém, confiar em Deus e fazer a sua vontade tem muito a ver com esperar. Negar a si mesmo, tomar a cruz e morrer também têm a ver com esperar. Abrir mão do controle e confiar em um Outro que eu conheço tão pouco e que tem conduzido a História de um jeito que, na maior parte do tempo, eu não entendo ou concordo também exige esperar. Viver é, em grande medida, esperar. E não sabemos esperar.

Convém ressaltar, desde o início desta exposição, que saber esperar está ligado a ter fé e praticar essa fé nas pequenas coisas do dia a dia, nas situações mais ordinárias. A nossa fé está fundamentada na ação de Deus e no que ele está fazendo, através

O LUGAR DA ESPERA NA VIDA CRISTÃ

de Jesus Cristo, na vida de cada um de nós. Isso é muito diferente de inventar um deus à minha imagem e semelhança, alguém que é responsável por fazer a minha vontade e realizar o que eu quero que aconteça. Um tipo de deus-talismã-da-sorte no qual eu só confio se ele me abençoar e que vai satisfazer meus sonhos conforme minhas expectativas. Um deus que se encaixa com meu jeito de pensar e com aquilo que eu quero.

Segundo Timothy Keller, Dorothy L. Sayers diz que parece "deveras catastrófico que se tenha propagado a ideia de que o cristianismo é outra religião secular, irreal e idealista, ensinando que, se formos bons, seremos felizes. [...] Ao contrário, o cristianismo é visceral e até ferozmente realista, insistindo que [...] algumas realizações eternas fazem até a felicidade parecer refugo".[2]

É esse Deus, revelado no Evangelho, ao qual me refiro aqui. É esse Deus, Senhor do tempo, que nos faz esperar e que se relaciona conosco enquanto esperamos. É esse Deus, o grande Eu Sou, que nos transforma, enquanto esperamos, em quem nós somos de verdade.

Eu ainda o conheço muito pouco. Ainda luto para entender o que ele faz e requer de mim. E também sofro muito com a espera. Mas, nesta reflexão, trago a voz de outras pessoas que o conhecem um pouco melhor. Pessoas que respeito, em quem confio e que me ensinam. Pessoas como Henri Nouwen, Dietrich Bonhoeffer e C.S. Lewis. Pessoas que, por já conhecer há tanto tempo, tornaram-se minhas amigas, e cujas palavras eu aceito, ainda que me confrontem. Que você se junte a nós nesta jornada, aprenda a esperar e se sinta seguro para reconhecer a dor da espera em sua vida.

Porque viver é, em grande medida, esperar. Ter fé é, também, esperar. E esperar dói. Mas a dor da espera não é a mesma de ficar parado e aguardar sem poder fazer nada. É, na verdade, mais parecido com a dor de uma semente que, escondida no solo, rasga a terra enquanto cresce. Esperar é um processo, um movimento quase imperceptível que gera um tipo de dor, de incômodo. Porque as coisas levam tempo para acontecer e, geralmente, demoram muito mais do que gostaríamos para se realizar.

Bonhoeffer traz alguns exemplos quando pergunta: "Quem não sentiu a ansiedade de esperar pela declaração de amizade ou amor? As experiências maiores, mais profundas, mais ternas em todo o mundo exigem uma espera paciente. Essa espera não ocorre em uma agitação emocional, mas vai suavemente crescendo, como o surgimento da primavera, como a germinação de uma semente."[3]

Aí, então, está o segredo: esperar é necessário, e algo muito importante está acontecendo no próprio ato da espera. Estamos inseridos em um propósito maior, uma vontade que rege o Universo e que nos faz esperar pelo cumprimento de algo que está sendo feito em nós, como a germinação de uma semente.

ENQUANTO ESPERO...

- Pense nas situações que já viveu até aqui. Você já experimentou a dor da espera? Está esperando por algo ou alguma situação neste momento? Como tem se sentido e o que tem feito enquanto espera?
- Escreva, em um caderno, o que você tem esperado e suas impressões sobre a espera que está vivendo.

A ESPERA DE
UMA **PROMESSA**

AO FALAR SOBRE A ESPERA, Henri Nouwen a considera como um movimento de algo que se inicia em Deus, a partir da vontade dele, revelada através de uma promessa — isto é, não esperamos por algo positivo que gostaríamos que acontecesse, um desejo ou vontade. Ou, ainda, não esperamos que algo negativo, uma situação difícil ou um problema passem mais rápido. Esperamos por algo que foi falado por Deus, em sua Palavra ou de um modo especial, e que vai acontecer.

Nas primeiras páginas do Evangelho, vemos algumas pessoas esperando (Zacarias, Isabel, Maria, Simeão e Ana). A cena de abertura da Boa Nova está cheia de pessoas esperando, pessoas para quem havia sido dada uma promessa.

Veja estes versículos:

> "Mas o anjo lhe disse: 'Não tenha medo, Zacarias; sua oração foi ouvida. Isabel, sua mulher, dará a você um filho, e você lhe dará o nome de João.'" (Lucas 1:13)

> "Mas o anjo lhe disse: 'Não tenha medo, Maria; você foi agraciada por Deus! Você ficará grávida e dará à luz um filho, e lhe porá o nome de Jesus.'" (Lucas 1:30–31)

A ESPERA DE UMA PROMESSA

Pessoas que esperam receberam uma promessa que as permite esperar. Elas receberam algo que está trabalhando nelas, como uma semente que está começando a crescer. Nós só podemos realmente esperar se o que nós esperamos já começou em nós. Então, é possível dizer que esperar é um movimento. Porém, não é um movimento do nada para alguma coisa; é um movimento de algo para algo mais. Um movimento que é iniciado por Deus, e não por mim.

Como um movimento, esperar é ativo. Esperar ativamente significa estar completamente presente no momento, com a convicção de que alguma coisa (que ainda não vemos) está acontecendo. Os que esperam sabem que o que estão esperando está crescendo (ainda que de maneira imperceptível) no solo no qual estão pisando. Esse é o segredo. O segredo da espera é que a semente foi plantada e que algo começou, embora eu ainda não veja.

É o que Paulo diz em Romanos 8:24–25 (NVT): "Se já temos alguma coisa, não há necessidade de esperar por ela, mas, se esperamos por algo que ainda não temos, devemos fazê-lo com paciência e confiança."

Uma pessoa que espera é paciente. A palavra "paciência" significa a vontade de permanecer onde estamos e vivenciar a situação plenamente, na crença de que algo escondido vai se manifestar para nós no tempo certo. Pessoas impacientes estão sempre esperando algo acontecer em outro lugar e, portanto, querem ir para outro lugar, querem fugir do incômodo da espera. O momento está vazio, mas quem é paciente se atreve a ficar onde está. A vida da pessoa paciente é vivida ativamente no presente, enquanto espera.

O LUGAR DA ESPERA NA VIDA CRISTÃ

Veja estes versículos:

"E foi assim que, depois de esperar pacientemente, Abraão alcançou a promessa." (Hebreus 6:15)

"[...] de modo que vocês não se tornem negligentes, mas imitem aqueles que, por meio da fé e da paciência, recebem a herança prometida." (Hebreus 6:12)

"Portanto, irmãos, sejam pacientes até a vinda do Senhor. Vejam como o agricultor aguarda que a terra produza a preciosa colheita e como espera com paciência até virem as chuvas do outono e da primavera. Sejam também pacientes e fortaleçam o seu coração, pois a vinda do Senhor está próxima." (Tiago 5:7–8)

Paciência e perseverança são necessárias para aguardar o cumprimento das promessas. No início da história da Igreja, os cristãos eram encorajados a demonstrar sua fé através desta virtude particular — a paciência. A fé cristã é uma fé paciente. Ao viver sua fé em ações práticas do dia a dia, os cristãos refletem a paciência. Quando os cristãos fazem essa virtude visível e ativa, em especial no sofrimento suportado, demonstram o caráter de Deus para o mundo. Cremos em um Deus que exerce com sabedoria e amor o seu poder, enquanto sustenta todas as coisas, levando-as para o alcance de seus propósitos eternos. A paciência, portanto, é necessária no viver diário. E os cristãos, ao serem pacientes, demonstram que confiam em Deus e se submetem ao seu senhorio sobre todas as áreas da vida, porque acreditam que Deus ainda está fazendo algo em suas vidas e no mundo. É preciso paciência até que se cumpra plenamente o que Deus está fazendo, sendo manifesto completamente a todos.

A paciência, na época de Tertuliano (160–220), era a resposta de pessoas que não tinham a liberdade de definir seus próprios objetivos ou fazer escolhas. Era a resposta de escravos que só podiam obedecer e submeter a sua vontade a um senhor. A paciência era uma inevitabilidade. Tertuliano, então, escreveu um tratado, dizendo que Jesus encarnou a paciência e, assim, a transformou em virtude. O Filho de Deus viveu no tempo e esperou, pacientemente, o cumprimento da vontade do Pai através de suas ações, escolhas, relacionamentos, morte e ressurreição. Ele obedeceu e submeteu sua vontade ao Pai. Ele não agiu precipitadamente, não tomou o poder e instaurou o Reino antes da hora, não desceu da cruz quando o sofrimento se tornou insuportável.

Jesus uniu a graça da fé com a virtude da paciência; a paciência para suportar o mal e o sofrimento, enquanto almeja algo de maior valor. A paciência de viver o *já* e o *ainda não* simultaneamente.

Por isso, os cristãos não devem ser impacientes. Eles permanecem em um relacionamento constante com Deus, ligados à videira da qual recebem a vida, firmados nas promessas relatadas nas Escrituras, olhando para a ressurreição e a volta do Messias. Confiam todas as coisas, incluindo suas próprias vidas, ao Deus que está fazendo tudo novo. E, enquanto esperam, vivem plenamente o hoje.

De acordo com Henri Nouwen, a "verdadeira paciência é o oposto da espera passiva, em que nós deixamos que as coisas aconteçam e permitimos que os outros tomem decisões. A paciência significa entrar ativamente no âmago da vida e

O LUGAR DA ESPERA NA VIDA CRISTÃ

suportar plenamente o sofrimento em nós mesmos e ao nosso redor. A paciência é a capacidade de ver, ouvir, tocar, saborear e cheirar, *tão plenamente quanto possível*, os acontecimentos íntimos e exteriores da nossa vida. É entrar em nossa vida com os olhos abertos, com ouvidos atentos e com as mãos atuantes, de forma que realmente possamos reconhecer o que está acontecendo".[4]

Assim, como diz Paulo, "se esperamos o que ainda não vemos, aguardamo-lo pacientemente" (Romanos 8:24).

Paciência e confiança são necessárias. Podemos ser pacientes e viver o presente, porque podemos confiar em Deus e em suas promessas. Podemos confiar em tudo o que ele diz e faz, agora, em nossas vidas. Estamos seguros, porque sua fidelidade nos sustenta, e podemos aguardar com paciência o cumprimento de cada expectativa.

J. C. Ryle afirma que "as promessas são os meios pelos quais Deus se agrada de se aproximar da alma do homem. [...] Deus continuamente induz o homem a ouvi-lo, a obedecê-lo e a servi-lo, comprometendo-se a fazer grandes obras, se o homem tão somente crer e prestar atenção a Ele. Em resumo, como disse o apóstolo Pedro, 'nos têm sido doadas as suas preciosas e mui grandes promessas' (2Pedro 1:4). Aquele que misericordiosamente determinou que toda a Sagrada Escritura fosse escrita para o nosso ensino também demonstrou seu perfeito conhecimento da natureza humana ao deixar espalhada por todo o livro uma riqueza perfeita de promessas; promessas essas apropriadas para todo tipo de experiência e todo tipo de condição de vida. Ele parece dizer: 'Você quer saber o que Eu prometi fazer a você? Você quer ouvir quais são as minhas condições? Então tome a sua Bíblia e leia.'"[5]

Esperar, portanto, não é algo que acontece de vez em quando, apenas com algumas pessoas, e que temos que evitar. Esperar é a forma que Deus escolhe para se relacionar conosco. Nosso anseio nos fará buscar a Deus e conhecê-lo em sua Palavra. Nessa mesma Palavra encontraremos suas promessas para nós. Promessas de um futuro e de um presente. E, ao vivermos cada dia, crendo e aguardando essas promessas, aprenderemos a conhecê-lo e nos transformaremos no tipo de pessoa que um dia será capaz de vê-lo face a face.

Esperar é o contexto no qual Deus nos ensina e transforma. É a condição necessária para podermos exercitar a fé e outras virtudes, como a paciência, enquanto aguardamos o cumprimento de suas promessas. Há promessas espalhadas na Bíblia para as mais diversas situações. Estamos seguros enquanto aguardamos, porque é Deus quem promete. Temos um Deus que não pode mentir, nem enganar, que não se atrasa, nem se esquece, que não se cansa, que nos ama e tem todas as coisas sob seu controle.

ENQUANTO ESPERO...

- As coisas pelas quais você tem esperado estão fundamentadas em promessas de Deus para sua vida? Ou em vontades e desejos que ainda não se submeteram ao senhorio dele?
- Leia a Palavra de Deus e escreva, em um caderno, alguns versículos nos quais você identifica promessas de Deus que sustentam a sua espera.

UM **FIM** EM ABERTO

ESPERAR COM BASE EM UMA PROMESSA é esperar sem saber exatamente o que vai acontecer. É esperar um *fim em aberto*. É esperar com a confiança de que algo que está muito além de nossa imaginação acontecerá. Esperar por algo não definido é muito difícil, porque tendemos a esperar por algo muito concreto, que desejamos ter e sobre o qual criamos expectativas de como deve acontecer. Por isso, não sabemos esperar, e muito da nossa espera se torna uma forma de tentar controlar o futuro. Queremos que o futuro vá em uma direção muito específica e, se isso não acontecer, ficamos bastante decepcionados.

O problema da espera, muitas vezes, está no fato de que colocamos um peso muito grande nas coisas que esperamos, sendo absorvidos por elas. Criamos expectativas concretas do que precisa acontecer em nossas vidas para que elas tenham sentido, para sermos felizes e encontrarmos satisfação. O casamento, os filhos, a carreira, o estilo de vida, certas situações e acontecimentos.

Por isso, esperar um fim em aberto, algo que Deus me mostrou ou prometeu, mas que não sei exatamente como se desdobrará, é uma atitude muito radical em relação à vida. Porque esperar de verdade é abrir mão do controle sobre nosso futuro e deixar Deus definir nossa vida, confiando que ele nos molda de acordo com o seu amor, e não de acordo com o nosso medo.

Nesse contexto, a meditação na Palavra viva de Deus é muito importante. Ela vai influenciar a nossa imaginação. Quando permitimos que a Verdade sobre a qual meditamos consuma nossos pensamentos e imaginação de forma consistente, tornamos isso mais real do que nossas circunstâncias. Enquanto caminhamos com Deus, momento a momento, somos convidados por ele para crer no que ele está fazendo, mas que ainda não vemos. Esperar por um fim em aberto enquanto Deus age em nós e através de nós torna-se um desafio e uma honra ao mesmo tempo.

Só é possível esperar, sem nos rendermos à impaciência, à ansiedade e ao medo, se confiarmos naquele que faz todas as coisas acontecerem (e não acontecerem) no tempo certo. Um tempo que muitas vezes desconhecemos. E nos dispormos a aguardar pela realização do que virá, pelo crescimento da semente, exercendo diariamente a fé e a esperança.

O exercício da virtude da paciência está intrinsecamente ligado à fé e à esperança — à capacidade de confiar em Deus e no que ele disse. Ainda que demore, ainda que eu não veja sinais de que algo está acontecendo, ainda que eu não entenda como o que espero poderá acontecer, eu preciso ter fé (acreditar que vai acontecer, porque ele disse que vai acontecer), esperança (expectativa de que vai, sim, acontecer) e paciência (experimentar a situação presente em paz) para aguardar o seu cumprimento.

Esperar é ir muito além do que eu sou capaz de ver ou entender agora. É confiar que coisas novas vão acontecer conosco,

O LUGAR DA ESPERA NA VIDA CRISTÃ

coisas novas que estão muito além do que podemos imaginar, fantasiar ou predizer. Isso é, na verdade, um jeito muito radical de viver em um mundo tão preocupado com o controle.

Como diz o profeta Isaías: "Esqueçam o que se foi; não vivam no passado. Vejam, estou fazendo uma coisa nova! Ela já está surgindo! Vocês não a reconhecem?" (Isaías 43:18–19). Se o que desejo acontecesse imediatamente, eu não teria a oportunidade de aprender a confiar, nem minha fé precisaria ser exercitada e provada.

Além disso, ter esperança é acreditar que algo se cumprirá de acordo com as promessas, e não de acordo com nossos desejos. Por isso, a esperança é sempre um *fim em aberto*. Apesar de Zacarias e Isabel desejarem por anos ter um filho, não estavam cheios de desejo — estavam cheios de esperança. Portanto, a esperança é sempre aberta a um fim, de certo modo, ainda desconhecido.

Assim, esperar exige fé, exige confiar em um Outro que ainda conhecemos em parte e que confundimos com nossos ídolos. Por isso dói.

Dói no fundo de nossa alma a entrega necessária para cumprir a vontade de Deus, segundo a vontade de Deus, e não a nossa. Dói o processo de confiar no tempo dele. Dói abrir mão do controle e das nossas expectativas. Dói abrir mão de desejos longamente cultivados e esperar pela promessa incerta. Dói ver as expectativas construídas durante anos não acontecerem. Dói aceitar coisas que não gostaríamos que acontecessem. Dói ver o tempo passando sem enxergar ou perceber nada acontecer. Dói acreditar na mentira de que Deus se esqueceu de nós e não está fazendo nada, ou não se importa. Dói negar a si mesmo e morrer.

Dói, porque precisamos aceitar que não somos deuses e nos submeter ao Deus verdadeiro. Dói, porque atinge o âmago do nosso pecado, o nosso desejo de controle e autonomia. Dói, porque nos humilha. Dói, e isso é bom, porque é um sinal de que estamos morrendo para nós mesmos.

Essa é a verdade destacada nos seguintes textos:

> "Digo verdadeiramente que, se o grão de trigo não cair na terra e não morrer, continuará ele só. Mas, se morrer, dará muito fruto." (João 12:24)

> "[...] Se alguém quiser acompanhar-me, negue-se a si mesmo, tome diariamente a sua cruz e siga-me. Pois quem quiser salvar a sua vida a perderá; mas quem perder a sua vida por minha causa, este a salvará." (Lucas 9:23–24)

> "Ora, se morremos com Cristo, cremos que também com ele viveremos." (Romanos 6:8)

> "[...] visto que vocês já se despiram do velho homem com suas práticas e se revestiram do novo, o qual está sendo renovado em conhecimento, à imagem do seu Criador." (Colossenses 3:9–10)

Estamos sendo preparados para uma nova vida, a vida eterna. E transformados em um tipo de pessoa que será capaz de vivê-la. Para isso, Deus utiliza vários recursos, sendo um deles o sofrimento da espera.

Bonhoeffer diz que a "bem-aventurança da espera se perde naqueles que não podem esperar, e o cumprimento da promessa nunca é deles. Eles querem respostas rápidas para as questões mais profundas da vida e perdem o valor daquele tempo de espera ansiosa. Eles perdem o momento em que as respostas são reveladas em claridade deslumbrante".[6]

Se não soubermos esperar pelo Deus que promete e se não fixarmos os olhos nele em vez de mirar os objetos do nosso desejo, é possível perder o momento em que as respostas nos forem dadas, como disse Bonhoeffer, em *claridade deslumbrante*.

Portanto, esperar é uma virtude que precisa ser aprendida e cultivada. Não é natural, nem fácil de ser praticada, por causa do pecado em nosso coração. Mas é bastante necessária.

ENQUANTO ESPERO...

- Tente olhar para o seu tempo de espera e enxergar o que você tem tentado controlar, os ídolos escondidos, as expectativas concretas de como as coisas devem acontecer, as suas vontades, os seus planos, os pecados relacionados ao desejo de controle, ao orgulho, à inveja dos outros, ao medo e à ansiedade.
- Escreva, em um caderno, tudo o que você identificar. Em seguida, escreva uma oração de entrega, aceitando as promessas e os planos de Deus para sua vida e se dispondo a esperar por um fim em aberto.

PARTE 2

O TEMPO

OLHANDO AO REDOR

A PERSPECTIVA DE ESPERAR por uma promessa que já está agindo em nós, como a espera de uma semente que está germinando, levanta muitas questões. Pelo que eu tenho esperado? Como sei se o que espero está fundamentado em alguma promessa? O que tenho feito com o restante da minha vida enquanto espero?

Não tenho todas as respostas, mas percebo que precisamos compreender melhor nossa relação com o tempo. De acordo com Eclesiastes, "Ele fez tudo apropriado ao seu tempo. Também pôs no coração do homem o anseio pela eternidade; mesmo assim ele não consegue compreender inteiramente o que Deus fez" (Eclesiastes 3:11).

Somos seres limitados pelo tempo; seres que anseiam, que desejam. A espera dói, porque nosso coração impaciente exige que tudo o que desejamos aconteça agora. Enxergamos apenas o agora, sentimos a fome e queremos ser saciados imediatamente. Temos vários desejos, vários "eus" querendo coisas diferentes dentro de nós, e nos esforçamos para atender a todos eles agora.

A nossa vontade preguiçosa não quer — nunca — pagar o preço do esforço necessário para cooperar com o crescimento da semente; para aprender a desejar e a moldar a nossa vontade

O LUGAR DA ESPERA NA VIDA CRISTÃ

à vontade de Deus para nós; para crescer e enxergar a realidade como filhos maduros.

Esquecemos (ou nunca ninguém nos ensinou de verdade) que nada chega pronto, de imediato (um relacionamento, uma amizade, uma carreira, uma família, uma igreja, um ministério, um projeto), e que é preciso tempo para fazer as coisas acontecerem, é preciso esforço, trabalho constante e paciência. Como faz o agricultor: preparar o solo, adubar a terra, regar corretamente, tirar as ervas daninhas, espantar os pássaros... e fazer isso todo dia, repetidamente, muitas vezes sem ver resultado algum, até o momento em que desfrutaremos do fruto, do resultado.

Aí está algo muito importante que os pais precisam ensinar aos filhos. Ao invés de atender imediatamente a todos os seus desejos, os pais podem ensinar os filhos a esperar e a se esforçar, agindo intencionalmente, enquanto aguardam. Ao ensinar o Evangelho para os filhos, é importante os pais não se esquecerem de ensinar que a espera é parte da fé cristã, ajudando-os a se relacionarem com um Deus que é Senhor do tempo.

Além disso, Deus não nos conta muitos detalhes do que vai acontecer, e não somos capazes de entender toda a obra de Deus. Ele nos dá o suficiente para vivermos apenas o hoje, com uma luz muito limitada sobre o amanhã. Deus colocou a eternidade em nosso coração, mas não sabemos totalmente o que ele está fazendo e nem temos o controle do amanhã.

Contudo, existe um amanhã. Olhamos para o futuro e criamos expectativas em relação a ele. Porém, é Deus, o Senhor do tempo e de nossas vidas, que está nos conduzindo para o futuro, para o novo. Para o futuro que ele preparou desde antes da fundação do mundo para cada um de nós. Um futuro eterno, atemporal, que um dia vai se manifestar no tempo. E também um futuro temporal, formado por uma série de eventos que colaboram para a manifestação do Reino de Deus na terra, para o cumprimento de nossa vocação, e que estão nos transformando em um tipo de pessoa capaz de viver a vida eterna.

Precisamos acreditar que há um tempo certo para cada coisa: "Para tudo há uma ocasião certa; há um tempo certo para cada propósito debaixo do céu: Tempo de nascer e tempo de morrer, tempo de plantar e tempo de arrancar o que se plantou, tempo de matar e tempo de curar, tempo de derrubar e tempo de construir, tempo de chorar e tempo de rir, tempo de prantear e tempo de dançar, tempo de espalhar pedras e tempo de ajuntá-las, tempo de abraçar e tempo de se conter, tempo de procurar e tempo de desistir, tempo de guardar e tempo de jogar fora, tempo de rasgar e tempo de costurar, tempo de calar e tempo de falar, tempo de amar e tempo de odiar, tempo de lutar e tempo de viver em paz." (Eclesiastes 3:1–8).

Nós temos as nossas agendas, nossas escalas de prioridade, nossos projetos de vida, com uma série de coisas que precisam acontecer de acordo com o nosso tempo. E, se formos honestos, aprendemos rápido que nossas agendas nem sempre coincidem com a agenda de Deus para nós.

Deus sabe exatamente o que ele está fazendo na vida e no tempo de cada um. Ele não se atrasa nem se adianta na realização de nenhum evento. Deus, na sua providência e soberania, controla e organiza os tempos de todas as coisas. Absolutamente nada acontece em vão ou deixa de acontecer por descuido. Além disso, cada momento traz um desafio diferente, e o experimentamos de forma diferente. O tempo de chorar traz seus desafios, e o tempo de rir também traz seus desafios. Ambos nos preparam,

O LUGAR DA ESPERA NA VIDA CRISTÃ

nos transformam, nos ensinam. Em ambos, somos chamados para viver o presente e agir na situação em que estamos.

Em nossa ignorância e imaturidade, esperamos que todos os tempos sejam iguais, que todos os momentos sejam bons e alegres. Que todo dia seja o tempo de abraçar e ser feliz. Mas a vida não é feita de monotonia. Ela é dinâmica e tem um sentido. Caminhamos em direção a um destino e temos um futuro.

Assim, também, há um lugar especial para o tempo de esperar, que se torna tão importante quanto o tempo de obter o esperado. Na espera, aprendemos a confiar e a depender. Exercitamos a nossa fé, ainda tão frágil, ainda tão pequena.

Nestes versículos, somos desafiados a confiar em Deus:

> "Provem e vejam como o Senhor é bom. Como é feliz o homem que nele se refugia!" (Salmo 34:8)

> "Portanto, humilhem-se debaixo da poderosa mão de Deus, para que ele os exalte no tempo devido. Lancem sobre ele toda a sua ansiedade, porque ele tem cuidado de vocês." (1Pedro 5:6–7)

Deus frustrará nossas agendas quando nelas colocarmos a busca de sentido e felicidade de forma autônoma. Nós sabemos que Deus está guiando nossas vidas e que não temos o controle do nosso tempo. Existe um Deus eterno que dirige o tempo, e é preciso aprender dele a como viver em cada tempo que nos é dado hoje.

Vivemos o hoje a partir de um horizonte futuro, a partir de uma promessa que ainda é invisível, mas que já experimentamos. Não é nosso esforço autônomo ou nossa barganha com

O TEMPO – OLHANDO AO REDOR

Deus que fará as coisas acontecerem. É a vida vivida hoje, em obediência e gratidão, em dependência e fé, naquele que tem cuidado de nós.

Para isso, é necessário estarmos atentos, de olhos bem abertos, enxergando e julgando corretamente o que está acontecendo no tempo de hoje, para respondermos de maneira certa aos desafios que Deus coloca diante de nós. Senão, seremos como ignorantes que desconhecem os tempos e apenas buscam satisfação imediata para o que estão sentindo: fome, sede, carência afetiva, tédio ou solidão. Vamos murmurar e reclamar do que está acontecendo e buscaremos alguma forma para trazer alívio rápido, seja o *delivery* de pizza, a pornografia, as séries de TV, os relacionamentos ou o trabalho.

Trevin Wax nos desafia a enxergar além e a ter coragem para viver o presente, como a corrida que está diante de nós: "Oh, homens de pouca fé! Nossa queixa sobre o tempo atual dá voz ao ressentimento que sentimos, porque estamos enfrentando desafios nestes dias. Essa queixa diz a Deus: 'Você me colocou no tempo e no lugar errados. Eu não gosto da tarefa que você me deu.' À qual, imagino Deus dizendo: 'Meus preciosos filhos, este é o seu tempo.' E então, todos os santos que se aglomeram nas arquibancadas do grande coliseu celeste, as testemunhas fiéis escondidas pelas nuvens, levantam-se, animam-nos e dizem: 'Pare de resmungar sobre a corrida e comece a gemer em antecipação da vitória. CORRA!' Este é o momento de saborear a tensão, de se alegrar com o trabalho e de ver as barreiras como pontos de referência. A glória de correr a corrida é que ela é difícil."[7]

Um dos sinais de que estamos crescendo e deixando de ser crianças é a capacidade de assumir responsabilidades, de ver que agora nós temos que agir ativamente, encarar desafios, trabalhar, nos preocupar com os outros, e não apenas com nós mesmos. Temos um alvo, um objetivo a alcançar; estamos participando de uma corrida e buscamos um prêmio. Por isso, vale a pena o esforço e a espera, a dedicação e a disciplina. A fé e a esperança serão recompensadas.

ENQUANTO ESPERO...

- Olhe para a sua vida como uma jornada, uma corrida. Veja o trajeto que você já percorreu até aqui. Olhe para frente, para o que lhe espera no futuro. Preste atenção em onde você está agora. Você está esperando algo acontecer e está usando desculpas para não viver o presente? Já pensou que Deus colocou você no tempo e no lugar errados? Você não gosta do que ele lhe deu?
- Faça uma oração de arrependimento e receba o incentivo das testemunhas de Hebreus 11 para correr com todas as suas forças a corrida que está diante de você.

OS **DESEJOS**

ALÉM DE UMA COMPREENSÃO adequada de como viver o tempo, é também importante reconhecer o papel dos nossos desejos e o processo de transformação pelo qual eles também precisam passar.

Como a semente que foi plantada e aguarda enquanto cresce, cada pequeno ato de espera em nossas vidas coopera para um processo de transformação que está em andamento: a transformação de cada um de nós à imagem do Filho de Deus. O ajuste de nossa vontade, a redenção de nossos desejos e a reordenação de nossos afetos.

Não precisamos (nem devemos) anular os nossos desejos — afinal, somos seres que desejam. Mas precisamos reconhecer que nossa capacidade de desejar — o que queremos e o que amamos — foi afetada pela Queda, está distorcida e também precisa de redenção.

Você já submeteu seus desejos a Deus? Já pediu para ele lhe ensinar a desejar o que é melhor para a sua vida? Ensinar a amar o que é bom? Já pediu para ele preparar você e transformar-lhe no tipo de pessoa que você precisa ser para, então, ser capaz de viver a realização do que deseja?

Os nossos desejos não são em vão, pois fazem parte de algo que Deus está fazendo através de nossas vidas e através da

História. Eles não são a manifestação de uma vontade egoísta que deseja ser feliz, apenas. Eles nos motivam a sair do lugar, nos impulsionam em uma direção, nos fazem inquietos até que conquistemos o que buscamos. A capacidade de desejar, de sonhar, de imaginar o futuro nos foi dada por Deus. Precisamos aprender a exercitá-la em sintonia com a vontade dele para nós. E precisamos aprender a esperar.

Segundo C.S. Lewis, "provavelmente os prazeres terrenos nunca tivessem tido a intenção de satisfazer esse desejo, de apenas despertá-lo para levá-lo à satisfação real. Nesse caso, tenho de cuidar, por um lado, para nunca desprezar ou ser ingrato por essas bênçãos terrenas e, por outro, nunca tomá-las equivocadamente por algo mais do que elas são: meras cópias, eco ou miragem".[8]

A verdade é que estamos sempre esperando. Esperamos um trabalho, depois esperamos uma promoção, depois o reconhecimento, depois a aposentadoria. Esperamos um namorado, depois esperamos nos casar, depois esperamos um filho e, então, esperamos que ele cresça saudável. Esperamos uma situação difícil passar e vivemos uma sucessão de situações difíceis. Esperamos vencer o pecado e o mal. Esperamos muitas coisas que se tornam um eco da nossa espera maior, o anseio mais profundo do nosso coração.

Como disse Agostinho de Hipona, "fizeste-nos, Senhor, para ti, e o nosso coração anda inquieto enquanto não encontrar em ti descanso".[9] Também Blaise Pascal afirmou que, no coração do homem, há um vazio no formato de Deus.[10]

Os prazeres e as alegrias de obtermos o que desejamos são reais e bons. É graça manifestada em muitas coisas ordinárias: vislumbres do Reino de Deus, do amor e da graça que se fazem

OS DESEJOS

presentes para nós. Mas tudo isso aponta para algo mais e, quando não o obtemos, precisamos cuidar para não ser absorvidos pela tristeza, decepção e revolta.

Sofremos verdadeiramente quando recebemos um "não" de Deus, ou um "ainda não", ou um "espere" durante muito tempo. Podemos desejar, mas precisamos aprender a desejar como Ana (1Samuel 1:1–28), como Abraão e Sara (15:1–21), como Zacarias e Isabel (13:11–17) e tantas outras pessoas que viveram antes de nós.

Desejaremos o fim de injustiças como William Wilberforce* desejou o fim da escravidão e, Martin Luther King Jr.,** o fim da segregação racial. Esperaremos ativamente, fazendo o que estiver ao nosso alcance. Trabalharemos, oraremos, confiaremos e aguardaremos ativamente pela germinação da semente.

Desejar é bom, mas isso não significa que todos os desejos serão satisfeitos. Nem mesmo os mais nobres. Veja, por exemplo, a vida de Dietrich Bonhoeffer.*** Ele desejava fazer muitas coisas: escrever livros, pregar e ensinar no seminário de teologia, tocar piano e compor músicas, casar-se e ver o nazismo derrotado. Mas foi preso aos 35 anos de idade, logo após ficar noivo. Durante o primeiro ano na prisão, ele tinha expectativas

---

* William Wilberforce (1759–1833) foi um político britânico, filantropo e líder do movimento abolicionista do tráfico negreiro.
** Martin Luther King Jr. (1929–1968) foi um pastor protestante e ativista político estadunidense. Tornou-se um dos mais importantes líderes do movimento dos direitos civis dos negros nos Estados Unidos e no mundo, com uma campanha de não violência e de amor ao próximo.
*** Dietrich Bonhoeffer (1906–1945) foi um teólogo, pastor luterano, membro da resistência alemã antinazista e membro fundador da Igreja Confessante, ala da igreja evangélica contrária à política nazista. Bonhoeffer envolveu-se na trama da Abwehr para assassinar Hitler. Em março de 1943, foi preso, e acabou sendo enforcado pouco tempo antes de o próprio Hitler cometer suicídio.

O LUGAR DA ESPERA NA VIDA CRISTÃ

de ser liberto, porque, afinal, não havia provas suficientes contra ele. Em suas cartas, escritas para os pais, os amigos e a noiva, ele fazia planos de reencontrá-los e falava sobre as coisas que faria, incluindo seu casamento. Após dois anos preso, morreu executado em um campo de concentração, pouco antes do final da guerra.

Para ilustrar o anseio de Bonhoeffer, veja esta oração feita por ele em seu dário, em 1943, enquanto estava na prisão: "Ó Deus, cedo de manhã clamo a Ti; ajuda-me a orar e a concentrar os meus pensamentos em Ti: não posso fazer isso sozinho. Dentro de mim está escuro, mas em Ti há luz. Estou só, mas Tu não me abandonas. Eu estou desanimado, mas em Ti há auxílio. Eu estou inquieto, mas em Ti há paz. Em mim há amargura, mas em Ti há paciência. Não compreendo os teus caminhos, mas Tu conheces o caminho certo para mim."[11]

Cada um tem a própria história, com eventos de alegria e tristeza que ocorrem de maneira dinâmica, muito diferentemente das histórias contadas pelos filmes, que nos fazem desejar uma sequência linear de acontecimentos, a qual nos permitirá sermos "felizes para sempre". Às vezes, esses eventos baseiam-se na pressão por sucesso da nossa sociedade, que nos faz investir todas as energias e esforços no desenvolvimento de uma carreira e na busca de estabilidade financeira (à custa de muitas outras coisas) para nos sentirmos seguros e felizes.

Há uma história maior sendo contada através da vida de cada um de nós, e é preciso coragem para enxergar além dos desejos individuais de satisfação e perceber que o objetivo está na nossa transformação real. Uma transformação que vai nos mudar completamente, que nos fará nascer de novo. Uma transformação cuja medida de sucesso tem a ver com o propósito de Deus para cada um e que refletirá em uma eternidade que, sim, será feliz para todo o sempre.

ENQUANTO ESPERO...

- Você já submeteu seus desejos a Deus? Já pediu para ele lhe ensinar a desejar o que é melhor para você? Ensinar a amar o que é bom? Já pediu para ele lhe preparar e transformar no tipo de pessoa que você precisa ser para, então, ser capaz de viver a realização do que deseja? Então, faça isso agora.

TUDO É **DÁDIVA**

AO DESPREZARMOS O PRESENTE, por ele não ser exatamente da forma que esperávamos, estamos na verdade dizendo que Deus não sabe o que está fazendo, ou é injusto, ou não se importa com o que acontece em nossa vida; nós é que sabemos e o julgamos.

Como diz J. P. Michel, "a dependência de Deus nos inquieta, e ficamos profundamente incomodados com nossas insuficiências. E se Deus não cuidar da minha vida com a mesma eficiência e eficácia com que eu cuido? E se ele não se preocupar?"[12]

A impaciência e a ansiedade revelam falta de fé e de esperança. Além de rejeitar a dependência de Deus, ao viver o presente insatisfeito enquanto espero, corro o risco de não enxergar o que me é dado agora e de não agir com responsabilidade diante do que tenho que fazer agora. Corro o risco de enterrar os meus talentos e não dar os frutos possíveis porque tive medo, porque fui impaciente, porque não tive o que queria, na hora que queria... porque fui irresponsável e ingrato diante do tempo e das coisas que Deus me deu.

Na verdade, tudo o que recebemos é uma dádiva. Cada momento, cada situação traz em si um presente que nos é dado por Deus e ao qual devemos responder. Os momentos difíceis podem ser recebidos com contentamento; neles, frutos

TUDO É DÁDIVA

preciosos podem ser gerados. Os momentos alegres podem ser recebidos com gratidão, e neles outros frutos serão gerados. O tempo é uma dádiva, e somos responsáveis pelo que fazemos com ele.

Veja, por exemplo, o que John Newton (1725–1807), autor do famoso hino "Maravilhosa graça", escreveu sobre a vida de John Bunyan:* "O Senhor tem razões, muito além de nossa compreensão, para abrir uma imensa porta, enquanto fecha a boca de um pregador útil. John Bunyan não teria realizado a metade do bem que fez se tivesse continuado a pregar em Bedford, em vez de ficar calado na prisão dessa cidade por doze anos."[13]

O que Newton provavelmente tinha em mente quando escreveu isso eram os dois clássicos evangélicos escritos por Bunyan durante seu aprisionamento, de 1660 a 1672, ou seja, os textos intitulados *Graça abundante ao principal dos pecadores* (relato de sua conversão, escrito em 1666), e *O peregrino* (1678). Através dos séculos, a visão contida nesses dois livros tem alimentado os cristãos e encorajado-os em sua peregrinação.

John Bunyan não ficou lamentando a prisão e a impossibilidade de fazer a obra de Deus fora dela, esperando o momento

---

* John Bunyan (1628-1688) foi um escritor e pregador cristão nascido em Harrowden, Elstow, Inglaterra. Foi o autor de *The Pilgrim's Progress* [O peregrino], provavelmente a alegoria cristã mais conhecida em todos os tempos. Em 1658, Bunyan foi processado por pregar sem uma licença. Não obstante, continuou a pregar, sem ser preso, até novembro de 1660, quando foi levado à cadeia municipal de Silver Street, Bedford. Ali ele ficaria detido por três meses, mas, por se recusar a se conformar ou desistir de pregar, seu encarceramento foi estendido por um período de aproximadamente 12 anos (com exceção de algumas poucas semanas em 1666), até janeiro de 1672, quando Carlos II emitiu a Declaração de Indulgência Religiosa.

em que seria livre para dar os frutos necessários. Ele fez a obra de Deus mesmo preso. Ele aceitou o tempo que lhe fora dado e usou seus talentos para gerar os frutos necessários ali mesmo, naquela situação.

Deus é um especialista em escrever histórias de luta, confronto, perseguição e privações — as mais variadas situações que, exatamente por causa do sofrimento, geram vida. Ele também é especialista em frustrar as nossas mais queridas expectativas de sucesso e felicidade, que, geralmente, estão fundamentadas em ilusões.

A cada vez que tenho as expectativas frustradas, o pecado surge com força renovada me trazendo desânimo e tristeza, falta de fé e desconfiança. Por isso, é importante compreender que minhas expectativas serão frustradas, minhas ilusões serão quebradas, mas Deus, em seu poder e amor, vai cumprir seus planos e promessas para mim.

Veja, por exemplo, a manifestação do Filho de Deus, o Messias tão aguardado que acabaria com a opressão e faria justiça, destruindo os inimigos. A expectativa de todos os que aguardavam o cumprimento da promessa era a manifestação de um líder político forte que tomaria o poder dos romanos e resolveria todos os problemas. Mas Jesus veio como um bebê frágil, um servo sofredor, um ninguém sem importância, e morreu como um criminoso.

E o que falaremos daqueles citados em Hebreus 11:37? Que foram apedrejados e provados, serrados ao meio, mortos a fio de espada, vestidos de peles de ovelhas e cabras, necessitados, aflitos e maltratados? "Todos esses receberam bom testemunho por meio da fé; no entanto, nenhum deles recebeu o que havia sido prometido. Deus havia planejado algo melhor para nós, para que conosco fossem eles aperfeiçoados." (Hebreus 11:39-40).

Estamos sendo aperfeiçoados, feitos perfeitos à imagem de Jesus. Olhamos para um alvo que está muito além do que podemos desejar enquanto esperamos, enquanto peregrinamos nesta terra.

De um modo muito misterioso, Deus age através de todas as situações que ele nos dá, incluindo o sofrimento e a espera, para, a partir delas, gerar um fruto eterno. Ele escolhe o paradoxo de gerar vida através da morte. Mas a vida prevalecerá, afinal, e todo sofrimento um dia cessará.

Cada desejo, cada sonho precisa ser submetido em oração à vontade do Deus que dirige nossos passos e nos conduz para a realização de um futuro; ao Senhor do tempo que, cuidadosamente, preparou cada situação, alegre e triste, para cooperar com o nosso bem e com a manifestação de seu Reino. E a espera será um espaço para o exercício da nossa fé.

Isso significa aceitar o tempo presente com tudo o que ele traz consigo, como uma dádiva que é concedida por Deus. Nele mantemos a fé e a esperança e, por isso, podemos esperar e agir enquanto esperamos, correr a corrida que está diante de nós com perseverança. Porque ele nos mantém seguros e firmes. Ele também sustenta a nossa fé.

Pois o sofrimento, segundo Michel, "pode nos fazer parar de desejar. Não querer pode não ser contentamento de modo algum. Pode ser covardia. Podemos ter um medo terrível de colocar nossas apostas em Deus. Quando esse tipo de medo se instala no nosso coração, confessamos: 'Pai, não consegui confiar plenamente na sua bondade.'"[14]

Assim, preciso de coragem para confrontar minhas idolatrias e levar tudo em oração diante de Deus, que julga melhor do que meus anseios e vontades. Ao aceitar o presente como dádiva, com o tempo e tudo o mais que ele me dá, também tenho coragem de desejar e de aguardar com expectativa o cumprimento da promessa, enquanto confio na sua bondade.

ENQUANTO ESPERO...

- Tente identificar tudo o que o Senhor tem lhe dado na situação atual: tempo, saúde, circunstâncias, trabalho, pessoas, dons e talentos, lugares, bens, desafios etc. Veja tudo como dádiva. Já pensou que você é responsável por agir diante de tudo o que tem recebido? Como você tem agido em relação às dádivas que lhe foram confiadas?

- Enquanto espera, pense no que você pode fazer para viver o seu tempo presente com mais responsabilidade e gratidão.

O LAMENTO

MESMO ASSIM, mesmo entendendo o tempo e submetendo os desejos, mesmo tendo fé e esperança, esperar vai doer. Quando doer demais e parecer que nada está acontecendo, vamos chorar diante do Senhor, como Ana chorou, e como tantos outros ainda choram. Vamos buscar no Senhor os recursos de que precisamos. Mas também vamos confiar, como Abraão confiou. Sem entregar o coração para as mentiras, sem deixar a amargura prevalecer e a incredulidade vencer. Vamos aprender a lamentar.

Como Davi lamentou: "Até quando, Senhor? Para sempre te esquecerás de mim? Até quando esconderás de mim o teu rosto? Até quando terei inquietações e tristeza no coração dia após dia? Até quando o meu inimigo triunfará sobre mim? Olha para mim e responde, Senhor, meu Deus. Ilumina os meus olhos, ou do contrário dormirei o sono da morte; os meus inimigos dirão: "Eu o venci", e os meus adversários festejarão o meu fracasso. Eu, porém, confio em teu amor; o meu coração exulta em tua salvação. Quero cantar ao Senhor pelo bem que me tem feito." (Salmo 13:1–6).

Geralmente, somos ensinados a esconder a dor e a engolir o choro. Incorporamos uma forma de agir que mascara o que realmente sentimos, ignora as dúvidas e não nos ajuda a lidar com a frustração e a ansiedade. Precisamos aprender a ser vulneráveis

O LUGAR DA ESPERA NA VIDA CRISTÃ

diante de Deus e, mesmo sabendo que ele enxerga tudo sobre nós, que nos conhece totalmente, devemos parar de fingir; precisamos aceitar que dependemos dele, porque não sabemos o que fazer e porque está doendo demais.

Veja o desabafo de V. R. Risner:* "Eu costumava responder à dor e ao sofrimento reorientando ativamente minha mente, determinada a ter uma atitude positiva. Mas, ao fazer isso, fiquei ainda mais vazia e infeliz do que antes. Então, percebi que as Escrituras nunca nos mandam ser sempre otimistas. Deus quer que venhamos a ele com sinceridade. A Bíblia não lava as emoções cruas de seus escritores enquanto clamam a Deus em angústia, medo e frustração, quando a vida deixa de fazer sentido. Pessoas como Jeremias, Jó, Habacuque e Davi derramaram seus sentimentos honestos de tristeza e decepção para com Deus."[15]

Podemos ficar tristes e chorar, sabendo que Deus é capaz de lidar com nossa angústia. Ele deseja que o busquemos, derramando nosso coração em vulnerabilidade e sinceridade diante dele. Ao fazer isso, Deus nos ajuda a lidar com nossas dores e provê a paz e o contentamento em meio ao sofrimento.

Aí, então, entendemos que, para aproveitar e viver plenamente o tempo de sorrir, talvez seja necessário passar pelo sofrimento e aprendizado do tempo de chorar. Para colher, será necessário plantar e esperar o tempo necessário para a semente germinar e dar o seu fruto. E está tudo bem lamentar quando doer demais.

---

*Vaneetha Rendall Risner é uma mulher familiarizada com o sofrimento: quando ainda era criança, teve polio, fez várias cirurgias e sofreu muito *bullying* em consequência disso. Quando cresceu, sofreu um aborto espontâneo, a morte de seu filho e um divórcio indesejado. Diariamente, ela vive com a realidade debilitante da síndrome pós-polio.

O LAMENTO

Vale ressaltar que podemos pedir para Deus aliviar o nosso sofrimento e mudar a situação. Ainda que eu não saiba como Deus vai me responder, ele ainda me orienta a pedir-lhe sinceramente, conforme Mateus 7:7–11 e Filipenses 4:6, não deixando a ansiedade prevalecer.

Além, então, de lamentarmos — confiando que é a Deus que dirigimos nossas tristezas e nossos medos, buscando consolo e alívio —, precisamos pedir pelas coisas que desejamos, ou sonhamos — confiando que é ele quem traz todas as coisas à existência e nada é por acaso. E, por fim (talvez o mais importante), precisamos entregar a nossa vontade à dele — confiando que ele sabe mais do que nós e seu amor transforma a espera (e até sua recusa) em graça e misericórdia para nós.

Assim, oramos como o Senhor Jesus nos ensinou, para que seja feita a vontade de Deus em nossas vidas, sem nos entregar ao desespero. De acordo com W. Hill, é crucial distinguir o lamento do desespero. "Se a esperança é a postura característica dos cristãos itinerantes, dos crentes que estão 'no caminho', então o desespero é sua inversão. Se a esperança diz: 'Ainda não cheguei lá, mas estou contando com o que não consigo ver', o desespero diz: 'Ainda não cheguei e nunca chegarei'. Desespero é uma rejeição da jornada."[16]

Por isso, o lamento se diferencia do desespero, porque considera que a estrada tem, sim, um destino, e que haverá alegria na chegada. É a ideia de semear com lágrimas, sabendo que haverá cantos de alegria na colheita (Salmo 126:5).

Sim, podemos ficar tristes e lamentar a nossa dor enquanto esperamos. A tristeza não é sinal de fracasso ou de pouca fé. Ela reflete o anseio que sentimos enquanto não experimentamos plenamente o bom, o belo e o verdadeiro. Porém, é a tristeza que vai nos ajudar a viver a alegria. Uma cultura sem tristeza é uma cultura sem esperança. A esperança envolve tristeza e lamento. E a tristeza se torna, então, um sinal de que ainda há esperança.

Portanto, podemos lamentar e, simultaneamente, ter esperança. Podemos colocar nossa esperança em Deus, confiando nele, como tantos homens e mulheres confiaram ao longo da História e esperaram. Como aconteceu com José (Gênesis 37), Deus vai nos dar sonhos, vislumbres de um amanhã, um desejo forte pela realização de algo que nos impelirá em uma direção. Mas também, como na história de José, os sonhos se cumprirão no tempo oportuno e, geralmente, após um longo processo de espera e preparação necessárias para a completa realização da promessa. Como um fim em aberto, eles vão surpreender quando acontecerem, por serem totalmente diferentes das expectativas iniciais que criamos. Mesmo que José tivesse compreendido que havia sonhado com seus irmãos se curvando diante de sua presença, ele não sabia como isso aconteceria e jamais imaginou que se cumpriria com ele sendo um alto oficial do Egito.

ENQUANTO ESPERO...

- Você tem experimentado a tristeza enquanto espera? Já se permitiu lamentar por isso?

- Escreva um salmo de lamento, sendo sincero a respeito de sua tristeza e depositando sua fé e esperança em Deus.

DESEJANDO **POUCO**

PARA APRENDER A DESEJAR CORRETAMENTE é necessário confiar em Deus, em sua bondade e amor. Confiar que o que acontece em nossa vida está a nosso favor, e não contra nós. Se realmente acreditarmos nisso — que Deus sabe o que está fazendo e o faz baseado em seu amor —, será possível aceitar e acolher o que acontecer. Inclusive o sofrimento da espera. E, ao fazer isso, descobriremos um caminho que destrói os nossos ídolos e desafia o nosso desejo de controle.

Talvez por isso é tão importante que a tribulação causada pela frustração de nossos desejos alcance seu propósito, produzindo perseverança; e, a perseverança, um caráter aprovado; e, o caráter aprovado, esperança (Romanos 5:3-4).

Segundo Michel, "pode ser que Deus não nos dê a vida que queremos ou esperamos — e isso ainda pode ser chamado de bom. Ele forçará revisões necessárias em nossos desejos, especialmente por meio de experiências de decepção e perda. Isso será doloroso. Exporá nossos mitos de autossoberania. Lutará com nossa vontade de controlar. Mas isso também nos obrigará a confiar — e a confiança nos torna receptivos a uma herança maior".[17]

O exercício da fé em momentos de dificuldades, o esforço de confiar quando tudo ao redor está em ruínas e a dor da

O LUGAR DA ESPERA NA VIDA CRISTÃ

espera em submissão a Deus são as ferramentas de transformação do nosso coração. Elas nos deixarão aptos, preparados, prontos para receber uma herança maior que está sendo preparada para nós. Afinal, "se esperamos o que ainda não vemos, aguardamo-lo pacientemente." (Romanos 8:25).

A amargura contra Deus em nosso coração, ao não obtermos nossa vontade em nosso tempo, pode indicar a confusão que estamos fazendo entre o que é eterno e temporal, amando demais o que é passageiro ou até colocando algo no lugar de Deus. Pode revelar nossa imaturidade, nossa falta de entendimento, nossa idolatria, nossa "pirraça" e o quanto ainda não enxergamos a realidade. Achamos que desejamos demais, quando na verdade desejamos ainda muito pouco.

Conforme Lewis destaca, "Somos criaturas medíocres, brincando com bebida, sexo e ambição, quando a alegria infinita nos é oferecida, como uma criança ignorante que prefere fazer castelos na lama em meio à insalubridade por não imaginar o que significa o convite de passar um feriado na "somos criaturas medíocres, brincando com bebida, sexo e ambição, quando a alegria infinita nos é oferecida, como uma criança ignorante que prefere fazer castelos na lama em meio à insalubridade por não imaginar o que significa o convite de passar um feriado na praia. Nos contentamos com muito pouco".[18]

Deus, em algumas situações, pode segurar nossa vontade de continuar, porque ele quer nos dar o que desejamos. Contudo, nós ainda não enxergamos que estamos indo para a direção errada, nem percebemos o fato de que não conseguiremos o que desejamos se continuarmos assim. Ele, pacientemente, nos ensina a esperar e, nesse processo, a desejar.

No final, a tentação de duvidar do que Deus nos dá está relacionada com a primeira tentação de Eva. Temos a tendência natural de sempre achar que Deus está escondendo algo bom de nós, que nosso plano de felicidade é melhor que o dele. Há um princípio de inimizade em nosso coração, uma resistência para submeter nossa vontade à dele. Por isso, precisamos morrer. Por isso, precisamos da cruz.

ENQUANTO ESPERO...

- Você já considerou que pode estar desejando pouco demais? Você acredita que o que acontece em sua vida (incluindo a espera) está a seu favor, e não contra você? Você tem cedido à tentação de duvidar de Deus?

- Tente perceber Deus como um Pai amoroso, querendo lhe dar muito mais do que você tem buscado. Faça uma oração para ele, aceitando o que ele tem para lhe oferecer.

VIVER É **GRAÇA**

E SE TODOS OS MOMENTOS fossem importantes e coope-
rassem para a manifestação de algo que está sendo revelado no
tempo? O tempo de plantar, o tempo de esperar (e trabalhar)
e o tempo de colher? E se os sonhos e desejos não fossem um
delírio de satisfação egoísta, mas instrumentos da realização de
algo maior que está sendo revelado na história, através de nossas vidas entrelaçadas?

Conforme Frederick Buechner declara: "Escute a sua vida.
Todos os momentos são momentos-chave. Eu descobri que, se
você realmente mantiver os olhos abertos e seus ouvidos atentos
a ela, se você realmente prestar atenção, mesmo uma vida limitada e limitante pode abrir-se em visões extraordinárias. [...] Não
há nenhum evento tão comum no qual Deus não esteja presente
dentro dele, sempre escondido, sempre deixando espaço para você
reconhecê-lo, ou para você não reconhecê-lo, mas ainda mais fas-
cinante por causa disso, tanto mais convincente e assustador...
Escute a sua vida. No tédio e na dor, não menos do que na alegria
e no êxtase: toque, prove, experimente seu caminho para o coração sagrado e oculto desta vida porque, em última análise, todos
os momentos são momentos-chave e a vida em si é graça."[19]

Tudo é dádiva e a vida em si é graça! Que lição importante
para ser aprendida. Sobretudo em um mundo sempre ocupado

VIVER É GRAÇA

e com pressa, desenvolvemos hábitos de falta de atenção e perdemos a manifestação de sentido nas pequenas coisas. Caminhamos como mortos-vivos, e não como pessoas cheias de vida. A vida que nos é oferecida na história contada pelo tempo é tão exuberante, que nos transforma, nos cura, nos faz inteiros e completamente vivos.

Precisamos aprender a encontrar a alegria e a rejeitar o desespero no momento em que estamos vivendo agora. Em meio às pequenas pressões e ansiedades, precisamos aprender a confiar em Deus, a olhar para a cruz e a nos apropriar do que ele já fez por nós; a depender dele, a esperar com fé e a não agir com base em nossa própria força ou entendimento.

Então, o dia de hoje se torna transparente e nós conseguimos vislumbrar algo maior por trás dos inúmeros pequenos cuidados diários. E, assim, passamos ter uma atitude diferente de simplesmente nos entregarmos a uma rotina sem vida, ao cumprimento automático de atividades sem sentido, ao tédio, à pressa.

Viver, portanto, pode ser algo muito mais rico, misterioso e complexo do que pensamos e da forma como nos acostumamos a viver. Pode trazer inúmeras promessas que se cumprirão a seu tempo, enquanto vivemos cada dia debaixo da graça, ainda que esperando, ainda que sofrendo com a espera. É possível viver o hoje sem impaciência, sem ansiedade e, especialmente, sem tédio.

Um inimigo da paciência que precisa ser enfrentado é o tédio. O perigo é que o tédio pode nos fazer desanimar e perder o interesse por aquilo que almejamos, levando-nos a desistir quando deveríamos continuar. Há uma grande diferença entre um espírito de resignação à situação (que leva à

61

O LUGAR DA ESPERA NA VIDA CRISTÃ

desistência) e um ato intencional de rendição a Deus (que leva à espera paciente).

O tédio e a monotonia são sintomas de uma vida empobrecida e enfraquecida pelo sono (Efésios 5:14–16). Da mesma forma, o acúmulo de trabalho, a correria e a pressa são tentativas de fugir do tratamento necessário, camuflando minha necessidade urgente de me aquietar e confiar em Deus.

É preciso acordar para uma nova realidade que já está disponível para nós. Afinal, como é fácil nos deixar levar pelo "modo automático" da vida e pela correnteza que segue naturalmente seu fluxo e nos arrasta para "fazer minha vida dar certo do meu jeito".

Portanto, a graça se manifesta no momento presente. O nosso pecado pode nos impedir de enxergar e perceber as dádivas que nos são dadas. Temos tanto e, ainda assim, podemos viver entediados e aborrecidos, ansiosos e preocupados. Ocupados demais para perceber a ação de Deus nas pequenas coisas ordinárias.

Segundo Lewis, "a grande jogada, se é que alguém é capaz disso, é parar de enxergar tudo o que é desagradável como interrupção da vida 'pessoal' ou da vida 'real'. A verdade, sem dúvida, é que o que alguém chama de *interrupção* é precisamente sua vida real — a vida que Deus lhe dá diariamente: aquilo que esse alguém chama de sua 'vida real' é um fantasma de sua própria imaginação".[20]

Chamamos de interrupção as coisas que saem do nosso plano inicial. Como se controlássemos muito bem o que pode acontecer, nos irritamos com as interrupções. Nós nos estressamos tentando mudar a situação. Adotamos uma atitude de vitimismo, reclamação e desconfiança de Deus. Mas as

VIVER É GRAÇA

interrupções são oportunidades de acordar da nossa ilusão de controle e de aceitar a vida presente. Cada momento é cheio de novas oportunidades.

As interrupções são oportunidades que nos fazem mudar o foco. Em lugar de tentar mudar a situação infeliz, temos a oportunidade de orar e nos entregar, pedindo para Deus mudar o nosso *eu* infeliz. Podemos buscar Jesus, deixando-o nos transformar e nos ensinar através dessas interrupções, tornando-nos mais parecidos com ele.

E, se somos guiados por Deus em cada novo dia que se manifesta rico em misericórdias, não precisamos ter medo de errar — ou das circunstâncias e das interrupções. Não precisamos sofrer sob a pressão de ter que fazer a escolha perfeita ou pensar que não teremos mais nenhuma chance. Estamos seguros. E vamos experimentar incertezas e dúvidas, mistério e aventura, frustração e surpresa. "[...] o Senhor disse a Abrão: 'Saia da sua terra, do meio dos seus parentes e da casa de seu pai, e vá para a terra que eu lhe mostrarei.'"(Gênesis 12:1). Deus nos guia pelo caminho, em cada passo, e nele podemos confiar.

Afinal, "aquele que habita no abrigo do Altíssimo e descansa à sombra do Todo-poderoso pode dizer ao Senhor: Tu és o meu refúgio e a minha fortaleza, o meu Deus, em quem confio" (Salmo 91:1–2).

Em vez de construirmos muros de proteção contra o sofrimento, ou estratégias de sobrevivência que anulem os desejos frustrados, podemos aceitar toda a nossa vulnerabilidade e viver plenamente o que nos é dado hoje. Podemos viver em dependência de Deus: entregar em oração constante cada sonho, cada desejo; buscar a vontade de Deus em cada passo, meditar

63

em sua Palavra (aprender sobre as promessas e as verdades eternas que orientam nossa vida) e confiar naquele que também se humilhou, que esperou e aprendeu pelo que sofreu.

ENQUANTO ESPERO...

- Escreva uma oração agradecendo a Deus pela dádiva da espera em sua vida, aceitando plenamente aquilo que ele tem lhe dado hoje.

PARTE 3

A PROMESSA

OLHANDO
O SENTIDO

COMO VIMOS ATÉ AQUI, esperar é um processo incômodo que exige entrega e confiança. A entrega da nossa vontade. A confiança na vontade de um Outro. É um processo de aguardar por um fim em aberto e ter a vida completamente transformada enquanto se espera. É receber a promessa de uma nova vida e de um futuro que ainda desconhecemos. É viver o hoje com os desafios que ele traz, e correr rumo a um objetivo.

Para Bonhoeffer, "nem todos podem esperar — certamente não aqueles que estão satisfeitos, contentes e sentem que vivem no melhor de todos os mundos possíveis! Aqueles que aprendem a esperar estão inquietos com seu modo de vida, mas ainda têm uma visão de grandeza no mundo do futuro e esperam pacientemente sua realização".[21]

Essa percepção é importante: enquanto esperamos, estamos inquietos. Nem totalmente satisfeitos, mas também não acomodados, nem conformados. Esperamos com expectativa o cumprimento da promessa.

Além, então, de esperarmos por coisas temporais, estas não se tornam um fim em si mesmas, pois também esperamos por coisas eternas que, de certo modo, já estão sendo forjadas, para nos deixar cada dia mais semelhantes a Jesus.

De um modo assombrosamente maravilhoso, um dia toda espera será suprida, definitivamente, e tudo convergirá para o

O LUGAR DA ESPERA NA VIDA CRISTÃ

centro do Universo, que é a relação de amor entre Pai, Filho e Espírito Santo, para a qual fomos adotados. As coisas visíveis darão espaço para as invisíveis. As coisas temporais serão absorvidas pelas eternas.

Todas as pequenas histórias, cada ato de espera e todo sofrimento estão entrelaçados perfeitamente. E a perspectiva precisa ser ajustada para a história que está sendo narrada pelo grande Eu Sou, agora mesmo. Apenas isso nos dará forças para enfrentar a dor da espera, para suportar a perda das coisas transitórias e aguardar pelo que ainda não vemos.

Afinal, "fixamos os olhos, não naquilo que se vê, mas no que não se vê, pois o que se vê é transitório, mas o que não se vê é eterno" (2Coríntios 4:18).

Essa reflexão foi escrita no período do Advento (estação do calendário cristão que antecede o Natal).* O Advento é conhecido e celebrado como um tempo de espera. Estamos esperando a segunda vinda de Jesus; esperamos o cumprimento das promessas de restauração e vida eterna; esperamos o julgamento completo do mal e a libertação plena do pecado.

O Advento é um tempo de antecipação. Não se trata de uma mera expectativa de um fato desconhecido que não sabemos se realmente vai se cumprir. Já temos o Consolador, o Espírito da promessa, que nos faz provar algo desse novo mundo. Por causa disso, temos uma esperança real de que a consumação de todas as coisas virá e a ressurreição dos mortos vai acontecer. Nós temos um futuro e vivemos o presente à luz desse futuro.

---

*Sobre o Advento e o calendário cristão, conferir www.lecionario.com, que traz recursos e orientações sobre o assunto.

Conforme diz Bonhoeffer, "o Advento é um tempo de espera. Toda a nossa vida é um tempo de espera. Esperamos o tempo em que haverá um novo céu e uma nova terra".[22]

Cada ato de espera em nossa vida diária precisa ter essa perspectiva ajustada, para que possa ser suportado em esperança real e viva naquele que faz todas as coisas. A espera por um diagnóstico, a espera por uma família, a espera por justiça, a espera por amor, a espera por tantas coisas… Todas as esperas (e todo sofrimento gerado por elas) estão incluídas na espera pela qual toda a criação geme com dores enquanto aguarda a adoção dos filhos de Deus.

Paulo diz que "toda a natureza criada geme até agora, como em dores de parto. E não só isso, mas nós mesmos, que temos os primeiros frutos do Espírito, gememos interiormente, esperando ansiosamente nossa adoção como filhos, a redenção do nosso corpo. Pois nessa esperança fomos salvos. Mas, esperança que se vê não é esperança. Quem espera por aquilo que está vendo? Mas se esperamos o que ainda não vemos, aguardamo-lo pacientemente"(Romanos 8:22–25).

Além do Advento, outras estações do Calendário Cristão destacam a espera, como a Quaresma (estação que antecede a Páscoa) e a Semana Santa (especialmente o Sábado, quando esperamos pela ressurreição). Portanto, a espera que experimentamos em nossas circunstâncias mais adversas pode ser acolhida pela espera das diferentes estações, vivida em esperança, enxergada por outra perspectiva, iluminada pelas promessas de Deus.

Porém, não é uma questão de apenas ter conhecimento das promessas. Eu preciso adorar o Deus que faz essas promessas à medida que me relaciono com ele e, assim, viver na expectativa de ser surpreendida pela graça e pela misericórdia que invadem a vida a todo momento, transformando o ordinário em sagrado, fazendo algo novo.

Confiar em Deus na espera é adorar a Deus na espera. A adoração é um recurso importante, que nos fortalece enquanto declaramos quem o Senhor é e rendemos a ele o louvor que lhe é devido.

ENQUANTO ESPERO...

- Reflita, na sua espera, tendo em perspectiva o sentido por trás de todas as coisas que acontecem: o estabelecimento do Reino de Deus e a restauração de todas as coisas. Você acha que algo muda? Como você se sente? Escreva suas impressões e faça esse exercício de adorar a Deus enquanto espera.

ESPERAMOS **JUNTOS**

SOMOS PEREGRINOS que caminham em direção ao novo, ao futuro que nos está sendo preparado e que vem ao nosso encontro. Mas não temos a posse completa da jornada; não recebemos um mapa que nos mostra com clareza por onde seguir até chegar lá. Recebemos um sonho, vislumbres de um destino que ainda virá a ser. Existe um futuro que Deus propõe para nós, e a nossa vida no agora precisa focar esse futuro, pois somente ele dará sentido e esperança para vivermos cada situação, para enfrentarmos a espera.

De um modo muito misterioso, Deus age através do sofrimento da espera para, a partir dele, gerar um fruto eterno. Ele escolhe o paradoxo de gerar vida através da morte. Mas a vida prevalecerá, afinal, e todo sofrimento cessará.

Porque temos um futuro, vale a pena viver o presente, ainda que ele traga sofrimentos. Porque não seremos absorvidos — nem destruídos — pelo hoje. Porque ele passa. A visão desse futuro nos dá ânimo para continuar, nos dá vigor e força, ousadia e coragem para lutar as batalhas que se apresentam para nós.

Nós temos um futuro, mas é preciso caminhar em direção a ele. É necessário viver a peregrinação, a jornada, o esforço, a disciplina, a prova da fé e a esperança. Ficar parado no mesmo

O LUGAR DA ESPERA NA VIDA CRISTÃ

lugar não ajuda a chegar lá. Buscar estratégias para voltar ao lugar do passado também não. Aceitar a jornada é preciso, e também dar um passo de cada vez em direção ao amor que nos é oferecido e que nos sustenta no caminho.

Conforme Nouwen, "há um amor que está por baixo de toda a ação, que sustenta toda a criação, mas que não experimentamos completamente. É possível, no meio do sofrimento de nossa espera, já experimentarmos a ressurreição. Precisamente nessa espera, a glória de Deus e nossa nova vida se tornam visíveis".[23]

Portanto, podemos aprender a ser pessoas pacientes que reconhecem o cumprimento de nossa humanidade mais profunda no sofrimento da espera. Podemos viver a espera e receber com gratidão todas as outras coisas que nos são dadas diariamente. Nesse processo, podemos encontrar consolo, manter a esperança enquanto aguardamos e receber tudo de que necessitamos enquanto fazemos essa jornada rumo à nossa casa. Porque cada dia é uma dádiva. Porque viver é graça.

E também, por causa disso, Paulo afirma que "não desanimamos. Embora exteriormente estejamos a desgastar-nos, interiormente estamos sendo renovados dia após dia, pois os nossos sofrimentos leves e momentâneos estão produzindo para nós uma glória eterna que pesa mais do que todos eles. Assim, fixamos os olhos, não naquilo que se vê, mas no que não se vê, pois o que se vê é transitório, mas o que não se vê é eterno" (2Coríntios 4:16–18).

Além disso, não estamos sozinhos e não enfrentamos a espera isolados uns dos outros. A vida em comunhão nos consola e nos fortalece. O abraço do amigo, a palavra de orientação e ânimo, a oração conjunta, o desabafo numa conversa, o choro conjunto, o cuidado dos outros.

Para Michel, "seria impossível ler a Bíblia sem reconhecer que a piedade é formada na comunidade. Pelo menos, é isso que Deus intenciona. A vida espiritual não é uma aventura independente. Não somos andarilhos solitários. Pertencemos ao povo plural de Deus".[24] Há uma energia sagrada misteriosa e incomparável quando os cristãos se reúnem para ser a igreja.

Não precisamos esconder nosso sofrimento e nossa vulnerabilidade uns dos outros, como se fôssemos fracassados que não alcançaram o que desejavam. Só assim poderemos nos alegrar com a realização dos sonhos dos outros ao participarmos também da alegria deles, ao invés de sermos ainda mais esmagados pela sensação de tristeza. E poderemos receber com gratidão todas as outras dádivas que nos são dadas diariamente e que ignoramos.

Nouwen nos ajuda a compreender isso, nos mostrando que esperamos juntos. A minha espera ganha outra perspectiva quando contemplo a espera dos meus irmãos. Um exemplo disso está registrado em Lucas 1:39–56. Isabel esperou durante muitos anos por um filho e, aparentemente, era estéril. Maria esperava por um casamento e uma família, pois estava noiva. Quando Maria recebeu as palavras do anjo, dizendo que ficaria grávida do Espírito Santo e o bebê seria Filho de Deus, foi visitar sua prima Isabel, pois esse era um sinal. Algo estava acontecendo com Isabel, assim como estava acontecendo com Maria. Mas uma não sabia o que estava acontecendo com a outra, nem entendiam muito bem o que estava acontecendo com elas mesmas. Quando Isabel viu Maria e

O LUGAR DA ESPERA NA VIDA CRISTÃ

o bebê saltou de alegria dentro dela, ela foi cheia do Espírito Santo, e entendeu.

Maria trouxe luz à espera de Isabel; Isabel confirmou a espera de Maria. A visita à sua prima Isabel fez Maria consciente do que ela estava esperando. Toda a longa espera de Isabel por um filho estava relacionada com a espera de Maria e com a espera de todo o povo pelo Filho de Deus. Era um sinal manifesto no tempo exato do cumprimento das promessas de Deus, pois o filho de Isabel seria aquele que abriria o caminho para Jesus, e não poderia, portanto, ter nascido quando ela era jovem. Segundo Nouwen, "essas duas mulheres criaram espaço para que cada uma delas pudesse esperar. Afirmaram uma para a outra que algo estava acontecendo e que era digno de esperar".[25]

Assim, esse se torna um exemplo da comunidade cristã, caracterizada por oração, apoio mútuo e união em torno das promessas de Deus. Um ajuda o outro a compreender o que está acontecendo em nós, a permanecer fiel a Deus e a confiar em suas promessas. Todos estamos esperando por algo que pertence às nossas histórias individuais e também à história de redenção que Deus está descortinando diante de nós. Juntos, fortalecemos uns aos outros enquanto esperamos.

Por isso, precisamos reconhecer e valorizar amigos, irmãos e irmãs que o Senhor coloca em nosso caminho e que, apesar de às vezes terem histórias diferentes das nossas, também estão peregrinando, também estão esperando. Precisamos conversar e orar juntos, fortalecer um ao outro, principalmente quando for muito difícil esperar.

Juntos, ajudamos uns aos outros a não abrir mão da confiança, a lembrar da grande recompensa que ela nos traz, a perseverar a fim de que, depois de termos feito a vontade de Deus, possamos receber tudo que ele nos prometeu, conforme registrado em Hebreus 10:35–38.

Precisamos aprender a encorajar uns aos outros nos momentos difíceis, quando já esperamos tanto a ponto de esquecer que estamos esperando algo que é digno de toda a espera. A semente está crescendo e dará seu fruto no tempo certo. Não estamos sozinhos, nem fomos esquecidos. O Senhor do Universo, paciente como um bom agricultor, está cuidando de cada tempo na vida de cada um de nós e cumprirá o objetivo que foi determinado antes de o tempo existir. Ele está agindo, ainda que não percebamos o que ele está fazendo. Por isso, esperar pacientemente em expectativa é o fundamento da vida espiritual.

ENQUANTO ESPERO...

- Pense nas pessoas que o Senhor colocou ao seu lado e que podem se tornar amigas de jornada. Se você tem caminhado sozinho, procure uma ou duas pessoas e experimente compartilhar com elas sua espera, orando juntos e fortalecendo-se mutuamente.

- Se você já experimenta a alegria da amizade, agradeça por seus amigos e se esforce por também ajudá-los a esperar pelas promessas de Deus.

Conclusão

ASSOCIAMOS A ESPERA À IMAGEM de alguém impaciente em uma longa fila, sem poder fazer nada, nem sair do lugar, senão corre o risco de *perder a vez*. Contudo, essa imagem é inadequada, porque a espera é ativa.

Diante de tudo o que foi exposto aqui, lembre-se disto: esperar é um processo ativo, de entrega, de confiança e de submissão à vontade de Deus — e para isso você vai buscar a Deus, orar, meditar em sua palavra, buscar orientação e consolo, associando tudo a um processo de trabalho árduo, de fazer o que precisa ser feito hoje, isto é, trabalhar, cuidar da sua família, estudar etc. É um processo ativo de arar a terra e cuidar para que a semente que está germinando possa crescer em segurança.

A imagem do peregrino que está caminhando em direção a uma cidade é mais adequada. Esperar é caminhar; não é ficar parado, sentado à beira do caminho, aguardando algo externo acontecer. Esperar é contribuir ativamente com um processo de crescimento e transformação que ainda não vemos de modo perfeito.

Esperar implica uma recusa em fazer o que eu acho que precisa ser feito, com a força do meu próprio braço e do meu entendimento do que é o certo, para dar uma ajuda a Deus, que parece estar demorando demais. Isso, sim, envolve um *não fazer*.

É dizer "não" para minha vontade autônoma, submetendo-a, cada dia, à vontade de Deus — e, então, agir quando tenho a direção dada por ele, e não agir quando tenho a orientação para não agir, assim como os israelitas caminhavam no deserto quando a nuvem se movia diante deles e paravam quando a nuvem parava.

Esperar implica obediência à vontade de Deus, mas não é uma obediência cega a um estranho. É uma parceria, um caminhar com um Amigo, um Pai, Alguém que me conhece completamente e me ama, Alguém em quem posso confiar para me indicar o caminho em que devo andar. Que anda comigo e me orienta a cada passo.

O problema, portanto, é que não sabemos esperar e não confiamos em Deus. Quando não aceitamos o destino para o qual Deus está nos levando, não entendemos o que ele está fazendo. O caminho parece contrário aos nossos objetivos, que muitas vezes não são os objetivos de Deus. Precisamos, por isso, entender que Deus tem para nós algo melhor que nossos planos. Precisamos aprender a sonhar novos sonhos, desejar novos desejos.

Desse modo, diante das dificuldades e da dor da espera, não ficaremos paralisados, não nos sentaremos à beira do caminho tomados pelo medo, nem assumiremos o controle em nossas mãos, ansiosos por encontrar um atalho que nos leve até onde queremos chegar.

Tenho a impressão de que temos deixado a dor da espera cegar os nossos olhos. Vemos apenas a falta, ouvimos apenas o *não*. Nós nos encolhemos ao redor da nossa dor e nos deixamos paralisar pelo medo; enterramos os talentos que nos foram dados e fazemos o melhor que podemos para sobreviver. Nós nos tornamos céticos, viciados em sedativos e distrações.

Ah! Temos promessas tão maiores do que isso, que nos garantem que já recebemos uma vida nova! Uma vida plena, abundante, cheia a ponto de transbordar. Temos desafios que tornam o caminhar uma aventura. Recebemos a provisão necessária, com as misericórdias do Senhor se renovando sobre nós diariamente, nos sustentando e suprindo cada necessidade. Temos um Redentor que já pagou o preço necessário para nos incluir como filhos e herdeiros de promessas indescritíveis (que olhos não viram, nem ouvidos ouviram). Temos amigos de jornada.

Por isso, temos ousadia e fé para acreditar no impossível, nos sonhos mais loucos, para desejar intensamente e para nadar contra a correnteza do que é vendido como felicidade. Porque o túmulo está vazio e já temos a vida eterna. Temos coragem para viver e arriscar a própria vida se necessário for, porque até o morrer se torna lucro.

Nem em nossos devaneios podemos imaginar o que está sendo preparado para nós. E, exatamente por isso, podemos ter fé, esperança e alegria ao enfrentar a dor da espera no tempo presente, porque estamos seguros, somos amados e tudo vai se cumprir no tempo exato.

Você consegue acreditar nisso para a sua vida? É hora de acordar do sono e levantar a cabeça, firmar os pés no caminho, fortalecer as mãos e o coração cansados. É hora de ajudar os amigos de jornada, fortalecer um ao outro. É hora de viver a vida que nos é dada como dádiva, com tudo o que ela traz, incluindo a espera, porque isso é só o começo.

O LUGAR DA ESPERA NA VIDA CRISTÃ

Não olhamos para nós mesmos e para os demais, pois essas rachaduras, essas cicatrizes e dores não são a palavra final. Estamos sendo transformados, redimidos, feitos de novo. Também não olhamos para as circunstâncias, pois os obstáculos e as dificuldades impossíveis para nós são como nada para ele. São apenas instrumentos de manifestação do seu poder e oportunidades de mostrar o seu amor por nós. Olhamos para ele.

Veja o que o Senhor diz através dos profetas:

"Vejam, estou fazendo uma coisa nova! Ela já está surgindo! Vocês não o percebem?" (Isaías 43:19a)

"Porque sou eu que conheço os planos que tenho para vocês", diz o Senhor, "planos de fazê-los prosperar e não de lhes causar dano, planos de dar-lhes esperança e um futuro." (Jeremias 29:11)

"Com quem vocês me compararão? Quem se assemelha a mim?", pergunta o Santo. [...] Por que você reclama, ó Jacó, e por que se queixa, ó Israel: "O Senhor não se interessa pela minha situação; o meu Deus não considera a minha causa"? [ou desejos, ou sonhos...] Será que você não sabe? Nunca ouviu falar? O Senhor é o Deus eterno, o Criador de toda a terra. Ele não se cansa nem fica exausto, sua sabedoria é insondável. Ele fortalece ao cansado e dá grande vigor ao que está sem forças." (Isaías 40:25–29)

"'Você é meu servo'; eu o escolhi e não o rejeitei. Por isso não tema, pois estou com você; não tenha medo, pois sou o seu Deus. Eu o fortalecerei e o ajudarei; Eu o segurarei com a minha mão direita vitoriosa." (Isaías 41:9–10)

CONCLUSÃO

O que mais precisa ser dito? É esse Deus poderoso e forte, ao mesmo tempo generoso e amoroso, que nos acolhe em nossas jornadas e, pacientemente, nos ensina enquanto nos conduz em cada passo do caminho. Tudo está seguro em suas mãos; nós estamos seguros; todas as coisas acontecerão no tempo certo; todas as promessas se cumprirão.

Você consegue acreditar nisso? Consegue confiar, de todo coração, no fato de que você está seguro e de que não há nada fora do controle de Deus? Consegue esperar com o coração no lugar certo, sabendo que é o Amor que sustenta você, e cada dia de espera está debaixo do cuidado de Deus?

Podemos encerrar dizendo que esperar é necessário porque algo muito importante está acontecendo no ato da espera. Estamos inseridos em um propósito maior, uma vontade que rege o Universo e que nos faz esperar pelo cumprimento de algo que está sendo feito em nós e através de nós.

Portanto, vamos criar um espaço seguro para que cada um de nós e de nossos amigos, companheiros de jornada, possa esperar. Vamos afirmar um para o outro: *Está acontecendo alguma coisa pela qual vale esperar.*

ENQUANTO ESPERO...

- Leia Isaías 40 a 46. Medite sobre esses capítulos, substituindo as palavras "meu servo", "Jacó" e "Israel" pelo seu nome. Creia que o Senhor está falando isso para você, e deixe seu coração ser fortalecido pelas promessas dele.

Uma oração

Ensina-nos, Senhor, a confiar em ti. A entregarmos
a ilusão do controle, a ansiedade e o medo da espera.
Ajude-nos a enxergar a realidade de quem o Senhor
é e de quem nós somos, de que estamos seguros em
seu cuidado e amor por nós. Ensina-nos a viver cada
momento, cada tempo preparado para nós, e a não deixar
a desconfiança prevalecer. Que a nossa fé seja provada
e fortalecida nesses momentos de espera. Que possamos
crescer e nos tornar maduros, semelhantes a Jesus,
através desses momentos de espera.

Ensina-nos a desejar, a sonhar ousadamente e a confiar
que, no seu tempo, a semente vai germinar e crescer.
Dá-nos a paciência e a perseverança de esperar pelo
tempo certo e, enquanto isso, de trabalharmos ativamente
no que for preciso de acordo com a tua vontade.

Ajuda-nos a morrer, a tomar a nossa cruz diariamente.
Que a dor gerada por essa entrega encontre o consolo da
vida de Cristo, derramada abundantemente sobre nós.
Que tenhamos essa vida e que ela nos transforme em
pessoas semelhantes a ele, pessoas mais inteiras, mais
maduras, que amam e confiam naquele que morreu por nós.

*Entregamos nossas vidas, querido Senhor: nosso
presente, nosso passado e nosso futuro; nosso tempo,
nossa espera e tudo aquilo que ainda vai acontecer com
cada um de nós, para manifestação da tua vida e do teu
Reino entre nós. Esperamos um fim em aberto, na certeza
de que o teu desejo para nós é infinitamente melhor do
que nós somos capazes de desejar agora. Sabemos que a
beleza, a alegria e o sentido serão revelados um dia, de
modo perfeito para nós, e, então, entenderemos o que
ainda vemos apenas em parte.*

*Por isso te agradecemos. Agradecemos por tão grande
paciência com filhos tão teimosos e impacientes.
Agradecemos pelas misericórdias renovadas hoje, pelos
raios de alegria e satisfação que invadem as nossas
vidas no meio da confusão e do medo. Agradecemos
por Jesus Cristo e pelo Espírito Santo. Obrigada pela
companhia na jornada e pelos amigos que se juntam a
nós ao longo da estrada.*

*Que venha o teu Reino e seja feita a tua vontade
enquanto caminhamos. Em nome de Jesus Cristo, teu
Filho, nosso Senhor, que vive e reina contigo e com o
Espírito Santo, um só Deus agora e sempre. Amém!*

APÊNDICE

UM **NOVO GUIA** DE JORNADA

Cada um de nós está em uma jornada. Aprendemos desde pequenos a desejar certas coisas e a caminhar em uma direção na qual obteremos aquilo que é importante para nós. Não estamos interessados no caminho, mas nas coisas que obteremos ao seguir por esse caminho. Conforme vamos crescendo, vamos ficando ansiosos e desejando que essas coisas aconteçam logo. Não gostamos de esperar. Isso nos foi ensinado de várias formas — por nossos pais, pela cultura, pelos professores e pelos amigos — que esperar não é bom e que quem sabe o que quer, faz acontecer. À medida que vamos caminhando, construímos estratégias de sobrevivência baseadas naquilo em que nos destacamos de certo modo, seja inteligência, popularidade, beleza física, bom humor ou competência. Então, juntamos uma mistura desses ingredientes e, com esforço e dedicação, talvez um pouco de sorte, seguimos nossa jornada dependendo somente de nós mesmos.

A isso são somadas nossas experiências de amor e cuidado em uma família amorosa, ou de privação e abuso em uma família disfuncional. Muitas vezes, nossa jornada inclui elementos de alienação, rejeição, solidão e injustiças, com toques de alegria, satisfação, amizade, aceitação e reconhecimento. Com níveis diferentes em cada história, a combinação desses elementos nos faz aprender a sobreviver baseados no medo, na timidez, na busca por aceitação e sucesso, que em maior ou menor grau vão nos moldando e baseando nossas escolhas ao longo desse caminho.

Agora observe a sua narrativa, a sua jornada percorrida até aqui, e perceba em que você baseou as escolhas do seu caminho. Veja qual mapa você adotou para guiar suas escolhas ao longo do tempo. Conheço pessoas que colocaram como alvo o sucesso profissional, e suas escolhas e sacrifícios ao longo do tempo foram feitos visando a esse fim. Já outras pessoas almejaram a construção de uma família. Outras não pensaram muito onde queriam chegar e basearam suas escolhas em conseguir o que queriam, mesmo que isso mudasse bastante ao longo do caminho e resultasse em escolhas não tão claras assim. Muitos fizeram escolhas que geraram consequências para sua saúde, sua família, seu emprego e seus relacionamentos.

Em meio a tudo isso, nós construímos naturalmente expectativas bem concretas do que queríamos que acontecesse em determinado tempo, e sofremos diversas frustrações com a espera e com a não realização dessas expectativas. O sonho da família ficou com um gosto amargo diante da demora para o casamento acontecer, ou de um divórcio inesperado, da aceitação de um relacionamento extraconjugal ou da constatação de que não se é amado ou amada por ninguém. A busca por uma carreira bem-sucedida se perdeu em meio às concessões por mais poder e controle, aos sacrifícios que resultaram na perda da saúde ou família, às rotinas burocráticas e à acomodação, deixando um vazio de sentido.

APÊNDICE — UM NOVO GUIA DE JORNADA

É uma vida monótona, na qual até parece que você encontrou o que queria, mas a rotina da família e do trabalho não satisfazem mais. Uma vida cansada de entrar e sair de tratamentos, casas de reabilitação, aconselhamentos, e não conseguir abandonar vícios tão longamente cultivados. Há uma variedade de exemplos que poderíamos dar, com graus variados entre esses elementos. Por isso, pense na sua jornada e na sua narrativa de vida construída ao longo dos anos, diante das experiências e circunstâncias vivenciadas.

Então, em algum momento dessa jornada, você encontrou Deus. Mesmo crescendo em uma família cristã, em algum momento você o percebeu com mais clareza vindo ao seu encontro no meio do caminho. Ou, então, você pode ter andado sem prestar muita atenção em Deus durante muito tempo e, de repente, viu-se diante dele. É isso que acontece. Deus invade a nossa realidade e nos encontra no meio da nossa jornada, convidando-nos para andar com ele. Não somos nós quem o encontramos; ele nos encontra primeiro. Deus nos espera em um momento específico, como ele esperou pela mulher samaritana no poço, no horário em que ela apareceria sozinha.

Como a mulher samaritana, nós trazemos nossa história de frustrações e tentativas de fazer a vida dar certo com as forças e recursos que encontramos ao longo do caminho, com o pedaço de mapa que trazemos nas mãos e que até ali guiou nossos passos. Só que o pecado ainda nos ilude, de certo modo. A narrativa que elaboramos em nossa mente, ou seja, o que esperamos que vá trazer sentido e felicidade, ainda ocupa um lugar grande em nosso coração; os ídolos nos mantêm escravos. Se, então, fazemos de Jesus um gênio da lâmpada para realizar os nossos desejos, com o tempo também nos frustramos com a demora, a espera prolongada e a aparente recusa de Deus em fazer acontecer a narrativa que trouxemos para ele e que temos certeza de ser a melhor para nós.

Chegamos, afinal, à mensagem principal desta reflexão, e eu gostaria que você prestasse bastante atenção. Deus está lhe convidando a aprender a andar com ele, no caminho em que ele está lhe conduzindo, para uma nova direção que ainda não é totalmente conhecida por você. Então, isso vai exigir que você aprenda a se relacionar com Deus em primeiro lugar.

Isso vai exigir a entrega do controle e a submissão ao Senhor. Não mais sua narrativa de felicidade. É como se fosse necessário entregar tudo o que traz na bagagem, tirar o fardo que pesa nos seus ombros, entregar você mesmo, os sonhos e as expectativas tão concretas. Isso é morrer para si, a fim de ressuscitar para uma nova vida que você vai começar a aprender a viver, um passo de cada vez, à medida que andar nesse caminho, com Jesus ao seu lado, conduzindo.

Você consegue perceber? Consegue se perceber brigando com Deus para impor a sua vontade e para ele fazer a sua estratégia de vida acontecer? Então, comece a entregar o controle e a deixar Jesus lhe ensinar a viver a vida que ele tem preparado para você. Aceite que ele é o Deus da sua história, e não você.

À medida que você caminha com ele, submetendo-se aos meios da graça, usando os recursos que ele mesmo lhe dá para conhecê-lo — as disciplinas espirituais, a oração e leitura da Palavra, a igreja e a comunhão dos santos —, você vai sendo transformado em uma nova pessoa. Vai se tornando um homem e uma mulher de verdade, mais inteiro e semelhante a Jesus.

APÊNDICE — UM NOVO GUIA DE JORNADA

Estamos em uma jornada rumo a um novo destino proposto por Deus e que, até então, não conhecíamos. Somos convidados a andar com Deus rumo a esse novo destino. Isso é um longo processo que vai durar a nossa vida inteira. Ele é composto de vários momentos que vão exigir de nós perseverança, paciência e fidelidade em circunstâncias mutáveis. Vamos experimentar coisas boas e ruins ao longo desse caminho. Deus não vai aplanar todos os montes e fazer simplesmente tudo dar certo de uma vez. Ele vai nos conduzir por circunstâncias diversas, mas vai nos ensinar a confiar nele e a ter uma certeza: nós estamos caminhando com Deus e ele está nos conduzindo para um destino seguro.

Enquanto ele nos mostrar a direção e nós confiarmos em sua voz, estaremos seguros. Esse é o aprendizado da obediência que se inicia quando ele nos acolhe no caminho distorcido em que andávamos antes, e dura nossa vida inteira. Entregamos o mapa errado que até aqui tinha baseado nossas escolhas ao longo do caminho, as narrativas distorcidas, os comportamentos viciados, e reconhecemos que estávamos perdidos. Abandonamos as estratégias de sobrevivência, adotamos uma nova história que dá forma à nossa nova identidade como filhos de Deus e aceitamos um novo mapa — a Palavra de Deus — e um novo guia de jornada — o próprio Filho de Deus, Jesus Cristo, nosso amigo que nos encontra no caminho e caminha conosco.

Agora, começamos uma nova etapa em nossa jornada, em que Deus acolhe nossa narrativa e restaura nossa história. Caminhamos aprendendo a reconhecer que Deus é confiável, que ele age baseado em amor, bondade e misericórdia; não baseado em nosso medo. Vamos nos tornando fiéis a Deus à medida que experimentamos que Deus é fiel. Confiança na bondade e na fidelidade de Deus é necessária para que possamos aceitar a direção e dar cada passo nesse novo caminho.

Ele vai nos ensinando e se revelando a nós, através de sua Palavra e pela condução do Espírito Santo que habita em nós. Ele faz uma aliança de amor conosco e, como um noivo apaixonado, a sua voz declara promessas. Vamos conhecendo-o através de suas promessas, que nos ajudam a enxergar quem ele é, para onde ele está nos conduzindo, o que ele está fazendo e por que faz as coisas desse modo.

Também temos uma parte nessa nova aliança de amor. Entramos com nossa fraqueza e nos rendemos a um Deus que nos ama, nos acolhe, nos ensina e nos restaura. Por isso, exige-se morte, humilhação e arrependimento para que possamos experimentar a nova vida, a ressurreição e o perdão. O processo pelo qual o Senhor nos conduz para gerar essa morte e ressurreição envolve, muitas vezes, a espera. As muitas esperas são oportunidades de graça, convites de amor para você abandonar o caminho de morte e aprender a confiar na voz do Senhor que direciona a um novo caminho de vida.

É essa nova perspectiva da espera que eu gostaria que você enxergasse e que, em fé, fosse capaz de aceitar em sua vida. Diante disso, diante da sua entrega em confiança na fidelidade de Deus, você agora é chamado para viver ativamente a vida que está posta diante de você. Você é chamado para trabalhar cada dia colocando em prática a fé, a esperança e o amor nas circunstâncias reais da sua vida. Somos chamados a sonhar, trabalhar, criar, cultivar, empreender, construir relacionamentos e realizar muitas coisas, mas agora andando lado a

APÊNDICE — UM NOVO GUIA DE JORNADA

lado com Deus, sendo transformados por ele no contexto das rotinas diárias.

É uma vida em trânsito que não tenta mais se estabelecer a partir da sua própria construção autônoma, mas aguarda Deus trazer à realidade cada novo dia, com suas circunstâncias específicas para o cumprimento de sua vontade perfeita. Com isso, aprendemos a não mais esperar por coisas ou situações como um fim em si mesmas, mas, conforme caminhamos com Jesus, aprendemos a esperar em Deus e a esperar por Deus; aprendemos a conhecer e a amar o único Deus; aprendemos que estamos sendo transformados à sua imagem e nos tornando como Jesus.

Para isso, precisamos ver a nossa narrativa pessoal à luz da morte e ressurreição de Jesus, de tal forma que o enredo de Jesus se torna a chave para lermos a nossa história. Agora temos o desafio de viver como novas criaturas no Reino de Deus que já começou. Antecipamos vislumbres do que um dia acontecerá plenamente, mas já vivemos a realidade dessa nova criação enquanto caminhamos com Jesus ao nosso lado, através da ação e direção do Espírito Santo que habita em nós.

Assim como Jesus sofreu, esperou e cresceu à medida que fazia a vontade de Deus em obediência e fidelidade, nós também vamos sofrer, esperar e crescer à medida que aprendemos a confiar em Deus e agimos em obediência e fidelidade. Precisamos meditar constantemente na Palavra de Deus, para entender esse movimento de espera e cumprimento na vida de Jesus e do povo de Deus como o contexto para nossas esperas presentes e a esperança futura nas suas promessas.

O nosso Deus, Pai de Jesus Cristo, é pessoal, não um talismã da sorte para fazer nossas vontades. Por isso, ele vem ao nosso encontro no caminho real das nossas vidas práticas, e caminha conosco em relacionamento pessoal, através da obra de Jesus Cristo e da ação do Espírito Santo em nós. Ele conduz toda a nossa vida: trabalho, vocação, família, relacionamentos, estudos, *hobbies*, aptidões, dons, desejos, sonhos e vontades. Nossa fé é encarnada, vivida na realidade de nossos dias comuns e formada no contexto de nossas escolhas, ritmos e rotinas de vida.

Se você quer aprender a andar com Deus e a confiar nele, precisa usar os recursos que ele prepara para você e seguir o mapa que ele coloca nas suas mãos. A segunda carta de Pedro nos ensina muito sobre isso. Pedro diz que "seu divino poder nos deu todas as coisas de que necessitamos para a vida e para a piedade, por meio do pleno conhecimento daquele que nos chamou para a sua própria glória e virtude. Por intermédio destas ele nos deu as suas grandiosas e preciosas promessas, para que por elas vocês se tornassem participantes da natureza divina e fugissem da corrupção que há no mundo, causada pela cobiça" (2Pedro 1:3–4).

Vejam só: as coisas que Deus preparou para nós são para nos levar a conhecer melhor a ele mesmo, que nos chama para andar com ele. Para isso, ele nos deixa uma série de promessas em sua Palavra, as quais precisamos conhecer para, então, ser capazes de esperar por seu cumprimento em nossas vidas. Mas a espera não é passiva. Não sentamos à beira do caminho sem fazer nada.

Pedro continua a sua exortação, dizendo: "Por isso mesmo, empenhem-se para acrescentar à sua fé a virtude; à virtude o conhecimento; ao conhecimento o domínio próprio; ao domínio próprio a perseverança; à perseverança a piedade; à piedade a fraternidade; e à fraternidade o amor. Porque, se essas qualidades existirem e estiverem crescendo em suas vidas, elas impedirão que vocês, no pleno conhecimento de nosso Senhor Jesus Cristo, sejam inoperantes e improdutivos." (2Pedro 1:5–8).

Nossa espera é ativa; nós nos esforçamos e trabalhamos arduamente para colocar em prática o que já sabemos e para desenvolver as virtudes citadas em nossas vidas, através da ação do Espírito Santo em nós, nos afazeres comuns de cada novo dia, sendo produtivos e frutíferos.

Portanto, eu convido você a mergulhar em uma compreensão mais aprofundada da espera, à luz dessa realidade da ação de Deus em sua vida. Para ajudar, o roteiro a seguir foi preparado com carinho. Você pode usá-lo com um amigo ou amiga, com seu marido ou esposa, ou em um grupo com mais pessoas. Que a conversa e a reflexão em conjunto possam trazer mais luz e entendimento à sua espera, fortalecendo e encorajando uns aos outros em seu relacionamento com Deus.

ROTEIRO DE **ESTUDO**

DEUS ESTÁ ESCREVENDO uma história de redenção para cada um de nós. Ele está convidando seus filhos e suas filhas para ouvirem sua voz e o seguirem em um caminho cheio de aventuras, vales e montanhas, vitórias e derrotas, obstáculos e esperas. Nesse caminho, ele nos transforma e nos ensina a viver. Por isso precisamos ajustar nossa perspectiva de jornada por meio do Senhor do tempo, nosso guia.

1. Olhando para dentro

O primeiro passo é cada um olhar para sua jornada e perceber que mapa o guiou até aqui. Então, é preciso aceitar o convite de Jesus para deixá-lo guiar você, a partir de agora, em um novo caminho, que inclui estradas que você não conhece e esperas que vão lhe preparar para o que está adiante.

Algumas perguntas para guiar a conversa:

- Qual mapa você usou até aqui para guiar suas escolhas de vida?
- Que narrativas se destacaram ao longo de sua jornada?

APÊNDICE — ROTEIRO DE ESTUDOS

- Quais expectativas foram criadas para trazer sentido e identidade?

Reflitam sobre o Salmo 37. Leiam esse trecho em voz alta e conversem sobre suas impressões e compreensões:

"Deleite-se no Senhor, e ele atenderá aos desejos do seu coração. Entregue o seu caminho ao Senhor; confie nele, e ele agirá. Descanse no Senhor e aguarde por ele com paciência; não se aborreça com o sucesso dos outros, nem com aqueles que maquinam o mal." (Salmo 37:4–5, 7)

Alguns pontos para encorajarmos uns aos outros:

- *Entregue seu caminho ao Senhor*: respeitem o caminho de cada um, escutem com atenção e encorajem um ao outro a entregar as estratégias de controle e tentativas de fazer a vida dar certo do seu jeito.
- *Confie no Senhor*: ajudem um ao outro a aceitar o novo mapa que o Senhor lhes oferece, abandonando as ilusões do que vocês acham que precisa acontecer, e confiando na estrada desconhecida que se abre diante de cada um.
- *Deleite-se no Senhor, e ele atenderá aos desejos do seu coração*: disponham-se a aprender a desejar outras coisas, a esperar em Deus e por Deus, a alinhar seus desejos com a vontade de Deus para cada um e, então, preparem-se para ver o Senhor lhes conduzindo e fazendo as coisas (que vocês esperam e as que nem imaginam) acontecerem no tempo certo.

- *Aguarde por ele com paciência*: ajudem-se a resistir à tentação de duvidar dos sonhos que o Senhor colocou em seus corações, só porque eles estão demorando para acontecer, e à tentação de duvidar de Deus porque as coisas não aconteceram como vocês gostariam. Encorajem-se mutuamente a esperar pela ação de Deus com paciência.

Ainda que possamos ter caminhado muito tempo sem a submissão a Deus, seguindo nossos desejos distorcidos, nada foi em vão. Veja que o Senhor conduziu sua jornada até aqui e encontrou você no momento apropriado. Por isso, entregue ao Senhor tudo o que aconteceu em sua história e aceite o convite que ele oferece para andar com ele de agora em diante, em novidade de vida, aprendendo a viver, a desejar e a esperar cada coisa se cumprir no tempo certo.

2. Olhando ao redor

Se é Deus quem conduz e sustenta sua vida, você precisa aprender a confiar na condução dele, do jeito dele e no tempo dele, sabendo que todas as coisas ao seu redor e todas as outras histórias estão relacionadas. O Senhor soberano conduz tudo com perfeição, como um grande maestro conduz e sustenta uma música inédita, na qual cada músico sabe apenas parte de suas notas, e não apreende ainda a participação dos outros instrumentos. Ou como um tapeceiro habilidoso direciona e traz à realidade uma trama ainda desconhecida, na qual vemos apenas parcialmente nossas linhas traçadas na tela. Considere que Deus está ativamente engajado em sua vida enquanto você

APÊNDICE — ROTEIRO DE ESTUDOS

espera, e está lhe preparando para algo que virá, o qual você ainda conhece em parte, ou nem é capaz de imaginar.

Algumas perguntas para guiar a conversa:

- O que tem acontecido em sua vida enquanto você espera?
- Quais desafios, responsabilidades e oportunidades Deus está trazendo à sua realidade hoje?
- Como a espera pode estar contribuindo para sua preparação e transformação?

Reflitam sobre estes trechos de Efésios e João. Leiam em voz alta e conversem sobre suas impressões e compreensões:

"Porque somos criação de Deus realizada em Cristo Jesus para fazermos boas obras, as quais Deus preparou de antemão para que nós as praticássemos." (Efésios 2:10)

"Eu sou a videira verdadeira, e meu Pai é o agricultor. Todo ramo que, estando em mim, não dá fruto, ele corta; e todo que dá fruto ele poda, para que dê mais fruto ainda. Vocês já estão limpos, pela palavra que lhes tenho falado. Permaneçam em mim, e eu permanecerei em vocês. Nenhum ramo pode dar fruto por si mesmo, se não permanecer na videira. Vocês também não podem dar fruto, se não permanecerem em mim." (João 15:1–4)

Alguns pontos para encorajarmos uns aos outros:

- *Boas obras que ele preparou*: não sabemos com tanta clareza assim quais obras ou quais frutos Deus quer gerar em nós. Encorajem uns aos outros a se submeterem às podas, às esperas e aos sofrimentos gerados por elas. Confiem no caminho em que Deus está conduzindo cada um para fazer isso acontecer.

- *Eu sou a videira verdadeira*: é preciso ter humildade para aceitar que Deus está fazendo algo muito maior do que você é capaz de perceber. Você é um ramo dessa videira, e sua vida é parte disso. A redenção de todas as coisas, a manifestação do Reino de Deus e a glória de Deus serão realizadas através da sua história e da sua jornada, a partir das coisas comuns que acontecem na sua vida diária. Ajudem-se a ter a perspectiva ajustada para essa realidade da presença de Deus e da condução de Deus em cada pequena escolha.

- Permaneçam em mim: nenhum de nós fará isso sozinho, mas apenas enquanto permanecermos ligados à videira e colaborarmos uns com os outros em amor. Ajudem-se a permanecer ligados à fonte de vida, direção e sentido, o nosso Deus, e a submeter a ele suas esperas e como vocês se sentem em relação a elas.

- Enquanto tudo isso acontece, a espera é ativa; por isso, encorajem-se a viver o momento presente com tudo o que ele traz; vivam cada dia como dádiva e sejam gratos pelo que está acontecendo.

A espera muitas vezes está relacionada com a preparação, com um processo de crescimento, amadurecimento e transformação pelo qual precisamos passar antes de obtermos o que esperamos, justamente para que possamos viver essas coisas

APÊNDICE — ROTEIRO DE ESTUDOS

de forma adequada quando elas se realizarem, dando os frutos que o Senhor preparou para nós e manifestando a glória dele em nossa vida comum diária. Esse é o mistério, o tesouro que está escondido em vasos de barro. Cada uma de nossas histórias é parte de um plano de redenção que já está em ação. Cada tempo e cada espera obedecem cuidadosamente à direção do Maestro; cada ponto e cada espaço obedecem fielmente à mão do Tapeceiro. Por isso, estamos seguros e podemos viver ativamente o momento presente, enquanto esperamos a realização de outras coisas que ainda não vemos.

3. Olhando o sentido

Podemos esperar, porque temos esperança. O Senhor nos ensina a olhar o presente à luz das promessas dele e a exercitar confiança e paciência para continuarmos a jornada. Esperamos juntos, e podemos chorar juntos e nos alegrar juntos.

Algumas perguntas para guiar a conversa:

- Que alvo tem guiado sua jornada e para onde você fixa seu olhar para avançar no caminho? Qual é sua esperança?
- Como você se sente ao colocar sua esperança somente em Deus e no cumprimento de suas promessas?
- Você tem amigos de jornada que te ajudam a esperar? Como criar uma comunidade que ajuda uns aos outros a esperar em Deus e por Deus?

Reflitam sobre estes trechos de Romanos 5 e 8. Leiam em voz alta e conversem sobre suas impressões e compreensões:

O LUGAR DA ESPERA NA VIDA CRISTÃ

"E não só isso, mas nós mesmos, que temos os primeiros frutos do Espírito, gememos interiormente, esperando ansiosamente nossa adoção como filhos, a redenção do nosso corpo. Pois nessa esperança fomos salvos. Mas, esperança que se vê não é esperança. Quem espera por aquilo que está vendo? Mas se esperamos o que ainda não vemos, aguardamo-lo pacientemente." (Romanos 8:23–25)

"Por meio de quem obtivemos acesso pela fé a esta graça na qual agora estamos firmes; e nos gloriamos na esperança da glória de Deus. Não só isso, mas também nos gloriamos nas tribulações, porque sabemos que a tribulação produz perseverança; a perseverança, um caráter aprovado; e o caráter aprovado, esperança. E a esperança não nos decepciona, porque Deus derramou seu amor em nossos corações, por meio do Espírito Santo que ele nos concedeu." (Romanos 5:2–5)

Alguns pontos para encorajarmos uns aos outros:

- *Temos o Espírito Santo*: ele é o selo, a garantia de que cada um pode ter esperança, porque Deus vai cumprir tudo o que prometeu; o Espírito Santo faz você perceber o quanto Deus lhe ama. Ajudem uns aos outros a lembrar e a experimentar isso na prática, nas situações de espera que estão enfrentando agora.
- *Porque sabemos*: mas como eu vou saber se o que espero está relacionado a alguma promessa? Estudando a Palavra de Deus, orando sobre seus anseios, colocando os seus desejos debaixo da luz da vontade de Deus e

deixando essa luz iluminar e trazer clareza e paz ao seu coração, para continuar esperando, ou aperfeiçoar seus desejos, transformando sua vontade e suas expectativas. Ajudem uns aos outros a praticar as disciplinas espirituais de oração, meditação e estudo da Palavra de Deus. Organizem grupos de estudos, orem juntos, prestem contas uns aos outros dos avanços e desenvolvimentos. Criem uma comunidade acolhedora que respeita as esperas de cada um, caracterizada pelo apoio mútuo e pela união em torno das promessas de Deus.

- *Mas também nos gloriamos nas tribulações*: encorajem uns aos outros a enfrentar dificuldades e provações geradas pelas diversas esperas. Ajudem-se a lembrar de que está acontecendo alguma coisa pela qual vale a pena esperar e que, por isso, esse processo não será em vão. As lutas e os sofrimentos vão gerar seus frutos: perseverança, caráter aprovado e esperança. Ao final, receberemos mais do que pedimos ou pensamos: receberemos o próprio Deus, sendo formado em nós e em comunhão conosco.

Portanto, abandonem a impaciência, a ansiedade e o medo ao conhecer mais da Palavra de Deus e de suas promessas para vocês, construindo um firme fundamento para sua esperança. Substituam as narrativas distorcidas, nas quais vocês têm acreditado, pela verdade do que Deus diz em sua Palavra, e vivam a aventura de caminhar nessa jornada com ele ao seu lado, um passo de cada vez.

Referências bibliográficas

[1] BONHOEFFER, D. Learn to Wait [Aprenda a esperar]. In: _____. *Dietrich Bonhoeffer's Christmas Sermons* [*Sermões de Natal de Dietrich Bonhoeffer*]. Grand Rapids: Zondervan, 2003. Disponível em: https://www.faithgateway.com/learn-to-wait/#.XLyyL-CrPzIX. Acesso em: 23 jun. 2021.

[2] KELLER, T. *Caminhando com Deus em meio à dor e ao sofrimento.* São Paulo: Vida Nova, 2016.

[3] BONHOEFFER, op. cit.

[4] NOUWEN, H. *A Spirituality of Waiting* [*Uma espiritualidade de espera*], 2006. Disponível em: https://bgbc.co.uk/wp-content/uploads/2013/11/A-Spirituality-of-Waiting-by-Henri-Houwen.pdf. Acesso em: 23 jun. 2021.

[5] RYLE, J. C. *Santidade*: sem a qual ninguém verá o Senhor. São José dos Campos: Fiel, 2016. p. 340.

[6] Ibidem.

[7] WAX, T. This is our time [Este é o nosso tempo]. In: *The Gospel Coalition*, 2017. Disponível em: https://blogs.thegospelcoalition.org/trevinwax/2017/01/11/this-is-our-time/. Acesso em: 23 jun. 2021.

[8] LEWIS, C.S. *Cristianismo puro e simples.* São Paulo: Thomas Nelson Brasil, 2017. pp. 183–84.

[9] AGOSTINHO. *Confissões*. Livro 1, 2007, p. 2. Disponível em: https://sumateologica.files.wordpress.com/2009/07/santo_agostinho_-_confissoes.pdf. Acesso em: 24 jun. 2021.

[10] PASCAL, B. *Pensamentos*. São Paulo: Edpro, 1995.

O LUGAR DA ESPERA NA VIDA CRISTÃ

[11] BONHOEFFER, D. *Resistência e submissão*: cartas e anotações escritas na prisão. São Leopoldo: Sinodal, 2003. p. 190.

[12] MICHEL, J. P. *O que você quer?* Desejo, ambição e fé cristã. Viçosa: Ultimato, 2016. p. 121.

[13] BUNYAN, J. *Graça abundante ao principal dos pecadores*. Organizado por Michael Haykin. São Paulo: Vida, 2015. p. 7.

[14] MICHEL, op. cit., p. 163.

[15] RISNER, V. R. The Gospel and Lament [O Evangelho e o lamento]. In: *Christianity Today*, 2017. Disponível em: http://www. christianitytoday.com/women/devotions/2017/scars-that-shapeus- -suffering/gospel-and-lament.html. Acesso em: 24 jun. 2021.

[16] HILL, W. Permission to Lament [Permissão para lamentar]. In: *Spiritual Friendship*, 2017. Disponível em: https://spiritualfriendship. org/2017/01/26/permission-to-lament/. Acesso em: 24 jun. 2021.

[17] MICHEL, op. cit., p. 193.

[18] LEWIS, C. S. *O peso da glória*. São Paulo: Thomas Nelson Brasil, 2017. p. 32.

[19] BUECHNER, .F. *Now and then*: A memoir of vocation [*De vez em quando*: um livro de memórias de vocação]. São Francisco: HarperOne, 1991. Disponível em: http://www.frederickbuechner. com/quote-of-the-day/2019/1/1/life-itself-is-grace?rq=listen%20 to%20your%20life. Acesso em: 24 jun. 2021.

[20] HOOPER, W. (org.). They stand together: the letters of C.S. Lewis to Arthur Greeves [Eles estão juntos: as cartas de C.S. Lewis para Arthur Greeves] (1914–1963). 1979. In: FOSTER, R. *Rios de água viva*. São Paulo: Vida, 2008. p. 366.

[21] BONHOEFFER, D. Learn to Wait [Aprenda a esperar]. Op. cit.

[22] Op. Cit.

[23] NOUWEN, op. cit.

[24] MICHEL, op. cit., p. 174.

[25] NOUWEN, op. cit.

Este livro foi impresso pela Exklusiva para
a Thomas Nelson Brasil em 2021. A fonte
do miolo é GoudyOldSt 10,5/16,6. O papel
do miolo é pólen soft 80g/m²,
e o da capa é cartão 250g/m².